CHARLES GOUNOD

MÉMOIRES
D'UN ARTISTE

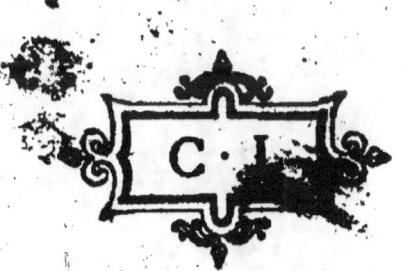

3593

PARIS

CALMANN LÉVY, ÉDITEUR

RUE AUBER, 3, ET BOULEVARD DES ITALIENS, 15

A LA LIBRAIRIE NOUVELLE

—

1896

MÉMOIRES D'UN ARTISTE

PARIS. — IMPRIMERIE CHAIX. — 16034-7-45. — (Encre Lorilleux).

CHARLES GOUNOD

MÉMOIRES

D'UN ARTISTE

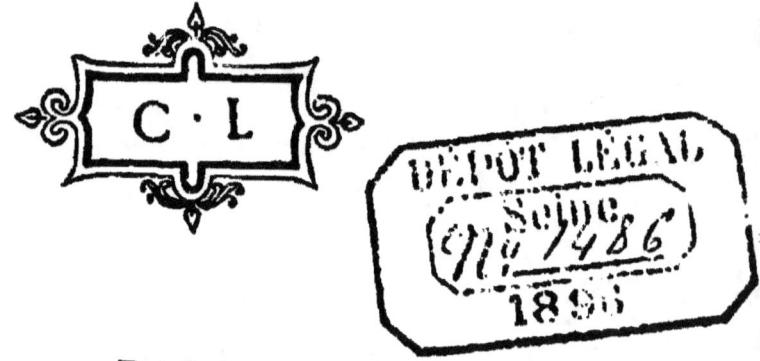

PARIS

CALMANN LÉVY, ÉDITEURS

ANCIENNE MAISON MICHEL LÉVY FRÈRES

3, RUE AUBER, 3

—

1896

MÉMOIRES D'UN ARTISTE

AVERTISSEMENT

Les pages qu'on va lire sont un récit des événements qui ont le plus intéressé ma vie d'artiste, des impressions que j'en ai ressenties, de l'influence qu'ils ont pu exercer sur ma carrière, et des réflexions qu'ils m'ont suggérées. Sans m'abuser sur le degré d'intérêt qui peut s'attacher à mon individu, je crois que le récit exact et simple d'une existence d'artiste offre des enseignements utiles, qui, parfois, se cachent sous un fait

ou sous un mot sans importance apparente,
mais qui se rencontrent avec la disposition
d'esprit ou le besoin du moment. Le fait le
plus indifférent, le mot le moins prémé-
dité est souvent une opportunité ; j'en ai
fait l'expérience, et ce qui m'a été utile ou
salutaire peut l'être à d'autres.

Dans des « Mémoires », on a beaucoup,
on a même à chaque instant à parler de
soi. J'ai tâché de le faire avec impartialité
dans mes jugements ; je l'ai fait avec exacti-
tude et véracité dans le récit des événements, ou lorsqu'il s'agit de rapporter les
paroles d'autrui à mon sujet. J'ai dit avec
sincérité ce que je pense de mes ouvrages;
mais le hibou se trompait dans son jugement sur ses petits, et je ne suis pas plus
que lui à l'abri de l'illusion. Le temps, s'il
s'occupe de moi, donnera la mesure de
mes appréciations; c'est à lui que je m'en
rapporte pour me mettre à ma place,

comme il fait de toute chose, ou pour m'y remettre si j'en suis sorti.

Ce récit est un témoignage de vénération et d'amour envers l'être qui nous donne le plus d'amour en ce monde, une *mère*. La mère est, ici-bas, la plus parfaite image, le rayon le plus pur et le plus chaud de la Providence ; son intarissable sollicitude est l'émanation la plus directe de l'éternelle sollicitude de Dieu.

Si j'ai pu être, ou dire, ou faire quelque peu que ce soit de bon pendant ma vie, c'est à ma mère que je l'aurai dû ; c'est à elle que je veux en restituer le mérite. C'est elle qui m'a nourri, qui m'a élevé, qui m'a *formé* : non pas à son image, hélas ! c'eût été trop beau ; et ce qui en a manqué n'a pas été de sa faute, mais de la mienne.

Elle repose sous une pierre simple comme l'a été sa vie.

Puisse ce souvenir d'un fils bien-aimé laisser sur sa tombe une couronne plus durable que nos *immortelles d'un jour*, et assurer à sa mémoire, au delà de ma vie, un respect que j'aurais voulu pouvoir rendre éternel!

I

L'ENFANCE

Ma mère naquit à Rouen, sous le nom de Victoire Lemachois, le 4 juin 1780. Son père appartenait à la magistrature. Sa mère, une demoiselle Heuzey, était douée d'une intelligence remarquable et de merveilleuses aptitudes pour les arts. Elle était poète, musicienne; elle composait, chantait, jouait de la harpe, et j'ai souvent ouï dire à ma mère qu'elle jouait la tragédie comme mademoiselle Duchesnois et la comédie comme mademoiselle Mars.

Un ensemble aussi rare de dons naturels et exceptionnels la faisait rechercher par les personnes les plus distinguées de la haute société, les d'Houdetot, les de Mortemart, les Saint-Lambert, les d'Herbouville, dont elle était, littéralement, l'enfant gâtée.

Mais, hélas ! les facultés qui font le charme et la séduction de la vie n'en assurent pas toujours le bonheur. La paix du foyer s'accommode difficilement d'une disparité totale de goûts, de tendances, d'instincts, et c'est un rêve dangereux que de vouloir assujettir les réalités de l'existence au règne de l'idéal. Aussi l'harmonie ne tarda-t-elle guère à déserter un intérieur d'où tant de dissemblances conspiraient à la bannir. L'enfance de ma mère en reçut le douloureux contre-coup, et sa vie devint sérieuse à l'âge qui devait encore ignorer le souci.

Mais Dieu l'avait douée d'une âme robuste, d'une haute raison et d'un courage
à toute épreuve. Privée des premiers soins
de la vigilance maternelle, réduite à apprendre seule la lecture et l'écriture, c'est
par elle seule encore qu'elle acquit les premières notions du dessin et de la musique,
dont elle allait être bientôt obligée de se
faire un moyen d'existence.

La Révolution venait de faire perdre à
mon grand-père sa position à la cour de
Rouen. Ma mère ne songea plus qu'à travailler pour se rendre utile. Elle chercha à
donner des leçons de piano; elle en trouva
et commença ainsi, dès l'âge de onze ans,
cette vie laborieuse à laquelle elle devait
plus tard, devenue veuve, demander le
moyen d'élever ses enfants.

Stimulée par un désir de faire toujours
mieux, et par une conscience du devoir
qui dirigea et domina son existence tout

entière, elle comprit que, voulant enseigner, il fallait apprendre ce qui constitue l'autorité de l'enseignement. Elle résolut donc de chercher, auprès de quelque maître en renom, des conseils qui pussent à la fois affermir son crédit et rassurer sa conscience. Pour atteindre son but, elle mit de côté, petit à petit, — sou par sou, peut-être, — une part du pauvre argent que lui rapportait sa modeste clientèle, et, quand elle eut économisé la somme nécessaire, elle prit le *coche*, — qui mettait alors trois jours pour aller de Rouen à Paris, — et courut tout droit chez Adam, professeur de piano au Conservatoire, et qui fut le père d'Adolphe Adam, l'auteur du *Chalet* et de tant d'autres charmants ouvrages. Adam la reçut avec bienveillance; il l'écouta avec attention et distingua de suite, chez elle, les qualités qui maintiennent et consolident l'intérêt accordé d'abord à d'heureuses aptitudes.

Ma mère ne pouvant, en raison de son jeune âge, s'installer à Paris pour y recevoir, d'une façon régulière et suivie, les conseils d'Adam, il fut convenu qu'elle ferait, tous les trois mois, le voyage de Rouen à Paris, pour venir prendre une leçon.

Une leçon tous les trois mois ! C'était, on en conviendra, une pauvre ration, en apparence du moins, pour penser qu'elle pût être profitable. Mais il y a des âmes qui sont une démonstration vivante de la *multiplication des pains* dans le désert, et l'on verra, par bien d'autres exemples, au cours de ce récit, que ma mère était une de ces âmes-là.

Cette femme, qui devait se faire, plus tard, un si solide et si légitime renom dans le professorat, n'était pas, ne pouvait pas être une élève à rien laisser perdre des rares et précieuses instructions de son maître. Aussi Adam fut-il émerveillé des progrès qu'il constatait d'une leçon à l'autre ; et, plus sensible encore au courage de sa jeune élève qu'à ses capacités musicales, il obtint pour elle la livraison gratuite d'un piano qui pût lui permettre d'étudier assidument sans avoir le souci ni porter le fardeau d'une location, qui, si peu coûteuse qu'elle fût, représentait encore un gros impôt pour un si mince budget.

A quelque temps de là, survint, dans l'existence de ma mère, un événement qui eut sur son avenir une influence décisive.

Les maîtres en vogue, à cette époque, pour la musique de piano, étaient les Clementi, les Steibelt, les Dussek, etc. Je ne parle pas de Mozart qui déjà, à la suite de Haydn, rayonnait sur le monde musical, ni du grand Sébastien Bach qui, depuis un siècle, était devenu, par son immortel recueil de Préludes et Fugues connu sous le nom de *Clavecin bien tempéré*, le code insurpassable de l'étude du clavier et comme le bréviaire de la composition musicale. Beethoven, jeune encore, n'avait pas atteint la célébrité que devait lui conquérir son œuvre de géant.

Ce fut alors qu'un musicien allemand, violoniste de mérite. Hullmandel, contemporain et ami de Beethoven, vint se fixer en France, dans le dessein de s'y créer une clientèle de leçons d'accompagnement. Hullmandel fit un séjour à Rouen, et voulut y entendre plusieurs des jeunes personnes qui passaient pour être le mieux organisées au point de vue musical. Une sorte de concours s'ouvrit : ma mère y prit part et eut l'honneur d'être tout particulièrement distinguée et félicitée par Hullmandel, qui la désigna de suite comme capable de recevoir ses leçons et de se faire entendre avec lui dans les maisons où l'on cultivait passionnément et sérieusement la musique.

Ici s'arrêtent, pour moi, les renseignements que je tiens de ma mère sur son enfance et sa jeunesse. Je ne sais plus rien de sa vie jusqu'à l'époque de son mariage, qui eut lieu en 1806. Elle avait alors vingt-six ans et demi.

Mon père, François-Louis Gounod, né en 1758, avait, au moment de son mariage, un peu plus de quarante-sept ans. C'était un peintre distingué, et ma mère m'a dit souvent qu'il était considéré comme le premier dessinateur de son temps par les grands artistes ses contemporains, Gérard, Girodet, Guérin, Joseph Vernet, Gros et autres. Je me rappelle un mot de Gérard que ma mère racontait avec un bien légitime orgueil. Gérard, entouré de gloire et d'honneurs, baron de l'Empire, possesseur d'une grande fortune, avait de fort beaux équipages. Sortant, un jour, en voiture, il rencontra, dans les rues de Paris, mon père qui était à pied. Aussitôt il s'écria :

— Gounod ! à pied ! quand moi je roule carrosse ! Ah ! c'est une honte !

Mon père avait été élève de Lépicié, en même temps que Carle Vernet (le fils de Joseph et le père d'Horace). Il avait concouru, à deux reprises différentes, pour le grand prix de Rome. Un trait de sa jeunesse montrera combien étaient scrupuleuses sa conscience et sa modestie d'artiste et de condisciple. Le sujet du concours était *la Femme adultère*. Parmi les concurrents dont mon père faisait partie, se trouvait le peintre Drouais, dont tout le monde connaît le remarquable tableau qui lui valut le grand prix. Mon père avait été admis par Drouais à voir son œuvre de concours : il déclara sincèrement à son camarade qu'il n'y avait pas de comparaison possible entre leurs deux tableaux, et, de retour dans sa

loge, il creva sa toile, la jugeant indigne
de figurer à côté de celle de Drouais. Cela
donne la mesure de cette probité artistique qui ne balançait pas un instant entre
la voix de la justice et celle de l'intérêt
personnel.

Homme instruit, esprit délicat et cultivé,
mon père eut, toute sa vie, une sorte d'effroi à la pensée d'entreprendre une grande
œuvre. Doué comme il l'était, peut-être
est-ce dans une santé assez frêle qu'il faut
chercher l'explication de cette répugnance ;
peut-être aussi faut-il tenir compte d'un
extrême besoin d'indépendance qui lui faisait redouter de s'engager dans un travail
de longue haleine. L'anecdote suivante en
fournira un exemple.

M. Denon, alors conservateur du Musée
du Louvre, et en même temps, je crois,
surintendant des musées royaux de France,
avait pour mon père beaucoup de sympa-

thio et faisait grand cas de son talent comme dessinateur et comme graveur à l'eau-forte. Il proposa un jour à mon père l'exécution d'un recueil de gravures à l'eau-forte destiné à reproduire la collection composant le Cabinet des médailles, et lui assurait, en retour, et jusqu'à l'achèvement de ce travail, un revenu annuel de dix mille francs. Pour un ménage qui n'avait rien, c'était, dans ce temps-là surtout, une fortune; et il y avait à faire vivre un mari, une femme et deux enfants. Mon père refusa net, se bornant à quelques portraits et à des lithographies qu'on lui commandait, et dont plusieurs sont des œuvres de premier ordre, conservées encore aujourd'hui dans les familles pour lesquelles elles avaient été exécutées.

Au reste, dans ces portraits même qui révélaient un sentiment si fin, un talent si sûr, la vaillante énergie de ma mère était

souvent indispensable pour que la tâche fût
menée jusqu'au bout. Combien d'entre eux
seraient restés en route, si elle n'y avait
pas mis la main ! Que de fois elle a dû
charger et nettoyer elle-même la palette !
Et ce n'était pas tout. Tant qu'il ne s'agissait que du côté humain du portrait, de
l'attitude, de la physionomie, des éléments
d'expression du visage, les yeux, le regard,
l'être intérieur en un mot, c'était tout
plaisir, tout bonheur ! Mais, quand il fallait
en venir au détail des accessoires, man-
chettes, ornements, galons, insignes, etc.,
oh ! alors, la défaillance arrivait ; l'intérêt
n'y était plus ; il fallait de la patience ;
c'est là que la pauvre épouse prenait la
brosse et endossait la partie ingrate de la
besogne, achevant, par l'intelligence et le
courage, l'œuvre commencée par le talent
et abandonnée par la crainte de l'ennui.

Mon père, outre son travail de peintre,

avait heureusement consenti à ouvrir chez lui un cours de dessin, qui, non seulement amenait à la maison un peu du nécessaire pour vivre, mais qui devint, comme on le verra plus loin, le point de départ de la carrière de ma mère comme professeur de piano.

Tel fut le train plus que modeste de notre pauvre maison, jusqu'à la mort de mon père, qui eut lieu le 4 mai 1823, à la suite d'une fluxion de poitrine. Il était âgé de soixante-quatre ans. Ma mère restait veuve avec deux enfants, mon frère aîné, âgé de quinze ans et demi, et moi, qui allais avoir cinq ans le 17 juin.

En mourant, mon père emportait avec lui le gagne-pain de la famille. Je dirai maintenant comment ma mère, par son énergie virile et son incomparable tendresse, nous rendit, et au delà, la protection et l'appui du père qui nous était enlevé

Il y avait, à cette époque, quai Voltaire, un lithographe nommé Delpech, — dont le nom se voyait encore longtemps après sur la façade de la maison qu'il avait habitée.

A peine devenue veuve, ma mère courut chez lui.

— Delpech, lui dit-elle, mon mari n'est plus ; me voilà seule avec deux enfants à nourrir et à élever ; je dois être désormais leur père en même temps que leur mère ; je travaillerai pour eux. Je viens vous demander deux choses : comment taille-t-on le crayon lithographique ? comment prépare-t-on la pierre à lithographier ?... Je me charge du reste, et je vous prie de me procurer du travail.

Le premier soin de ma mère fut d'annoncer qu'elle conserverait et continuerait le cours de dessin de mon père, si les parents des élèves voulaient bien y consentir.

Il n'y eut qu'une voix pour saluer la vaillante initiative de cette noble et généreuse femme qui, au lieu de s'abattre et de s'ensevelir dans sa douleur de veuve, se relevait et se redressait dans son dévouement et dans sa tendresse de mère. Le cours de dessin fut donc maintenu et s'augmenta même rapidement d'un assez grand nombre de nouvelles élèves. Cependant, comme ma mère, tout en dessinant fort bien, était excellente musicienne, les parents de ses jeunes élèves de dessin lui demandèrent si elle consentirait à donner également à leurs filles des leçons de musique.

Devant cette nouvelle ressource pour subvenir aux besoins de la petite famille, ma mère n'hésita pas. Les deux enseignements marchèrent de front pendant quelque temps ; mais, comme c'était un mauvais moyen de suffire à la tâche que de succomber à la peine, il fallut bien opter entre les deux professorats, et ce fut la musique qui resta maîtresse du terrain.

Je n'ai pu conserver de mon père, l'ayant si peu connu, qu'un bien petit nombre de souvenirs, trois ou quatre au plus ; mais ils sont encore aussi nets que s'ils dataient d'hier. J'éprouve, à les retracer ici, une émotion qu'il est facile de comprendre.

Au nombre des impressions qui me sont restées de lui, je distingue surtout son attitude de lecteur attentif, assis, les jambes croisées, au coin de la cheminée, portant des lunettes, habillé d'un pantalon à pieds en molleton, d'une veste à raies blanches, et coiffé d'un bonnet de coton tel que le portaient, d'habitude, les artistes de son temps, et que je l'ai vu porter encore, bien des années plus tard, par mon illustre et regretté ami et directeur de l'Académie de France à Rome, M. Ingres.

Pendant que mon père était ainsi absorbé dans sa lecture, j'étais, moi, couché à plat ventre au beau milieu de la chambre, et je dessinais, avec un crayon blanc sur une planche noire vernie, des yeux, des nez et des bouches dont mon père avait lui-même tracé le modèle sur ladite planche. Je vois cela comme si j'y étais encore, et j'avais alors quatre ans ou quatre ans et demi tout au plus. Cette occupation avait pour moi, je m'en souviens, un charme si vif que je ne doute nullement que, si j'avais conservé mon père, je fusse devenu peintre plutôt que musicien ; mais la profession de ma mère et l'éducation que je reçus d'elle pendant les années de l'enfance firent pencher la balance du côté de la musique.

Peu de temps après la mort de mon père dans la maison qui portait et porte encore aujourd'hui le n° 11, place Saint-André-des-Arts (ou plutôt des Arcs), ma mère alla s'établir dans un autre logement, non loin de là, rue des Grands-Augustins, n° 20. C'est de cette époque que datent les premiers souvenirs précis de mes impressions musicales.

Ma mère, qui avait été ma nourrice, m'avait certainement fait avaler autant de musique que de lait. Jamais elle ne m'allaitait sans chanter, et je peux dire que j'ai pris mes premières leçons sans m'en douter et sans avoir à leur donner cette attention si pénible au premier âge et si difficile à obtenir des enfants. Sans en avoir conscience, j'avais déjà la notion très claire et très précise des intonations et des intervalles qu'elles représentent, des tout premiers éléments qui constituent la mo—

dulation, et de la différence caractéristique entre le mode majeur et le mode mineur, avant même de savoir parler, puisqu'un jour, ayant entendu chanter dans la rue (par quelque mendiant, sans doute) une chanson en mode mineur, je m'écriai :

— Maman, pourquoi il chante en do qui *plore* (pleure)?

J'avais donc l'oreille parfaitement exercée et je pouvais tenir avantageusement déjà ma place d'élève dans un cours de solfège, où j'aurais pu même être professeur.

Toute fière de voir son bambin en re-montrer à de grandes jeunes filles en fait de lecture musicale (et cela grâce à elle seule), ma mère ne résista pas au désir de montrer son petit élève à quelque musi-cien en crédit.

Il y avait à cette époque un musicien nommé Jadin, dont le fils et le petit-fils se sont fait une réputation dans la peinture. Ce

Jadin s'était fait connaître par des romances qui avaient eu de la vogue, et remplissait, si je ne me trompe, les fonctions d'accompagnateur dans la célèbre école de musique religieuse de Choron. Ma mère lui écrivit pour le prier de vouloir bien venir la voir et se rendre compte de mes dispositions musicales. Jadin vint à la maison, me fit mettre, le visage tourné, dans un coin que je vois encore, se mit au piano et improvisa une suite d'accords et de modulations, me demandant à chaque modulation nouvelle :

— Dans quel ton suis-je?

Je ne me trompai pas une seule fois. Jadin fut émerveillé. Ma mère triomphait.

Pauvre chère mère, elle ne se doutait pas, alors, qu'elle développait elle-même dans son enfant les germes d'une détermination qui devait, bien peu d'années plus tard, causer sa grande préoccupation au sujet de mon avenir, et sur laquelle

eut déjà, probablement, une grande influence l'audition de *Robin des bois* au
théâtre de l'Odéon, où elle m'avait emmené
quand j'avais six ans.

Ceux qui liront ce récit seront sans doute
surpris que je n'aie rien dit encore de mon
frère. Cela tient à ce que son souvenir
ne se rattache à aucun de ceux de ma
première enfance. Ce n'est guère qu'à
partir de l'âge de six ans que je lui vois
prendre place dans ma vie et dans ma mémoire.

Mon frère, Louis-Urbain Gounod, était
né le 13 décembre 1807. Il avait donc dix
ans et demi de plus que moi.

Vers l'âge de douze ans, mon frère était
entré au lycée de Versailles, où il resta
jusque vers dix-huit ans. C'est de Versailles que date le premier souvenir que
j'aie gardé de ce frère excellent, qui devait

m'être enlevé au moment où je pouvais apprécier la valeur d'un tel ami.

Mon père avait été appelé par le roi Louis XVIII aux fonctions de professeur de dessin des Pages. Le roi, qui aimait beaucoup mon père, l'avait autorisé à occuper, pendant le temps que nous passions à Versailles, un logement situé dans les vastes bâtiments du n° 6 de la rue de la Surintendance, laquelle s'étend de la place du Château à la rue de l'Orangerie.

Notre appartement, que je vois encore, et où l'on montait par une quantité d'escaliers d'une disposition bizarre, donnait sur la pièce d'eau des Suisses et sur les grands bois de Satory. Tout le long de l'appartement, régnait un corridor qui me semblait à perte de vue et qui allait rejoindre le logement occupé par la famille Beaumont, dans laquelle je rencontrai l'un de mes premiers compagnons d'enfance, Édouard

Beaumont, qui devait se faire, plus tard, un nom distingué comme peintre. Le père d'Édouard était sculpteur, et restaurateur des statues du château et du parc de Versailles; c'est en cette qualité qu'il occupait le logement faisant suite au nôtre.

A la mort de mon père, en 1823, on avait conservé à ma mère le droit de séjourner, aux vacances de chaque année, dans les bâtiments de la Surintendance. Cette faveur continua de lui être accordée sous le règne du roi Charles X, c'est-à-dire jusqu'en 1830, et fut retirée à l'avènement de Louis-Philippe. Mon frère qui était, comme je l'ai dit, au lycée de Versailles, passait au milieu de nous tout le temps de ses vacances.

Il y avait un vieux musicien nommé Rousseau qui était maître de chapelle du château de Versailles. Rousseau jouait du violoncelle (de la basse, comme on disait alors), et ma mère avait fait donner par lui des leçons de violoncelle à mon frère, qui était doué d'une voix charmante et chantait souvent aux offices de la chapelle du château.

Je ne saurais dire si ce vieux père Rousseau jouait bien ou mal de la basse ; mais ce que je me rappelle, c'est que mon frère me faisait l'effet d'être assez peu habile sur la sienne ; et, comme je ne pouvais me rendre compte de ce que c'était qu'un commençant, je me figurais, instinctivement, que, dès qu'on jouait d'un instrument, on ne devait pas pouvoir faire autrement que d'en jouer juste. L'idée qu'on pût jouer faux n'entrait même pas dans ma petite tête.

Un jour, j'entendis, de ma chambre, mon frère qui était en train d'étudier sa basse dans la pièce voisine. Frappé de la quantité de passages plus que douteux dont mon oreille avait eu à souffrir, je demandai à ma mère :

— Maman, pourquoi donc la basse d'Urbain est-elle si fausse ?

Je ne me rappelle pas quelle fut sa réponse, mais, à coup sûr, elle a dû s'égayer de la naïveté de ma question.

J'ai dit que mon frère avait une très jolie voix : outre que j'ai pu en juger plus tard par moi-même, je l'ai entendu dire à Wartel, qui avait souvent chanté avec lui à la chapelle royale de Versailles, et qui, après avoir été à l'école de musique de Choron, fit partie de la troupe de l'Opéra du temps de Nourrit, et acquit ensuite, dans le professorat, une grande et légitime réputation.

En 1825, ma mère tomba malade. J'avais, à cette époque, près de sept ans. Son médecin, depuis plusieurs années, était le

docteur Baffos, qui m'avait vu naître, et
qui était devenu le médecin de notre famille
après le docteur Hallé, et à sa recommandation. Baffos, voyant dans ma présence à la maison un surcroît de fatigue
pour ma mère, dont la journée se passait à
donner des leçons chez elle, suggéra l'idée
de me faire conduire, chaque matin, dans
une pension, où l'on venait me reprendre
avant le dîner.

La pension choisie fut celle d'un certain
M. Boniface, rue de Touraine, près l'École
de médecine, et non loin de la rue des
Grands-Augustins où nous demeurions.
Cette pension fut transférée, peu de temps
après, rue de Condé, presque en face du
théâtre de l'Odéon. C'est là que je vis pour
la première fois Duprez, qui devait être, un
jour, le grand ténor que chacun sait et qui
brilla d'un éclat si vif sur la scène de l'O-
péra. Duprez, qui a environ neuf ans de

plus que moi, pouvait donc avoir alors seize ou dix-sept ans. Il était élève de Choron, et venait dans la pension Boniface comme maître de solfège. Duprez, s'étant aperçu que je lisais la musique aussi aisément qu'on lit un livre, et même beaucoup plus couramment que je ne la lirais sans doute aujourd'hui, m'avait pris en affection toute particulière. Il me prenait sur ses genoux, et, quand mes petits camarades se trompaient, il me disait :

— Allons, petit, montre-leur comment il faut faire.

Lorsque, bien des années plus tard, je lui rappelai ces souvenirs, si lointains pour lui comme pour moi, il en fut frappé et me dit :

— Comment ! c'était vous, ce petit gamin qui solfiait si bien !...

Cependant, j'approchais de l'âge où il allait falloir songer à me faire aborder le travail dans des conditions un peu plus sérieuses que dans une maison qui ressemblait plutôt à un asile qu'à une école. On me fit donc entrer comme interne dans l'institution de M. Letellier, rue de Vaugirard, au coin de la rue Férou. A M. Letellier succéda bientôt M. de Reusse, dont je quittai la maison au bout d'un an pour entrer dans la pension Hallays-Dabot, place de l'Estrapade, près du Panthéon.

Je me rappelle M. Hallays-Dabot et sa femme aussi clairement, aussi distinctement que si je les avais devant les yeux. Il est difficile d'imaginer un accueil plus affectueux, plus bienveillant, plus tendre que celui que je reçus d'eux; j'en fus tellement touché que cette impression suffit pour dissiper instantanément toutes mes craintes, et pour me faire accepter avec confiance cette nouvelle épreuve d'un régime pour lequel je m'étais senti une répugnance insurmontable. Il me sembla que je retrouvais presque un père et qu'auprès de lui je n'avais rien à craindre.

En effet, des deux années que j'ai passées dans sa maison, je n'ai gardé aucun souvenir pénible. Son affection pour moi ne s'est jamais démentie; j'ai constamment trouvé en lui autant d'équité que de bonté; et, lorsqu'à l'âge de onze ans, il fut décidé que j'entrerais au lycée Saint-Louis, M. Hallays-Dabot me donna un certificat si flatteur que je m'abstiendrai de le reproduire. J'ai regardé comme un devoir de faire ici acte de reconnaissance envers ce qu'il a été pour moi.

Les bons renseignements sous la protection desquels je quittais l'institution Hallays-Dabot avaient contribué à me faire obtenir un « quart de bourse » au lycée Saint-Louis. J'y entrai dans ces conditions, à la rentrée des vacances, c'est-à-dire au mois d'octobre 1829. Je venais d'avoir onze ans.

Le proviseur du lycée était alors un ecclésiastique, l'abbé Ganser, homme doux, grave, recueilli, paternel avec ses élèves. Je fus admis de suite dans la classe désignée sous le nom de sixième. J'eus le bonheur d'avoir, dès le début, pour professeur, l'homme que j'ai sans contredit le plus aimé pendant la durée de mes études, mon cher et vénéré maître et ami, Adolphe Régnier, membre de l'Institut, qui fut le précepteur et est resté l'ami de monseigneur le comte de Paris.

Je n'étais pas un mauvais élève, et mes maîtres m'ont généralement aimé ; mais j'étais d'une légèreté terrible et je me faisais souvent punir pour ma dissipation, plutôt cependant à l'étude qu'en classe.

J'ai dit que j'étais entré à Saint-Louis

avec « quart de bourse », c'est-à-dire un quart de moins à payer du prix de la pension. C'était à moi de parvenir, peu à peu, par mes bonnes notes de conduite et de travail, à dégrever ma mère de ce que lui coûtait le collège, en obtenant graduellement la « demi-bourse », puis les trois quarts, puis enfin la « bourse entière »; et, comme j'adorais ma mère, et que mon plus grand bonheur aurait été de lui venir en aide par mon application, il semble que cette pensée n'eût pas dû m'abandonner un instant. Mais, hélas! le naturel! chassez-le, il revient au galop!... Et le mien galopait fort souvent!... trop souvent.

Un jour, je fus puni, je ne sais plus pour quelle peccadille de distraction, ou de devoir non achevé, ou de leçon non sue. La punition me parut sans doute excéder la faute, car je protestai, ce qui me valut un tel surcroît de pénitence que je fus conduit au séquestre, c'est-à-dire au cachot où je devais vivre de pain et d'eau jusqu'à ce que j'eusse achevé un énorme *pensum*, consistant en je ne sais combien de lignes à écrire : cinq cents ou mille; une ineptie. Quand je me vis en prison, oh! alors, je me fis l'effet d'un criminel. Les Euménides criant à Oreste : « Il a tué sa mère ! » ne devaient pas être plus effroyables que les pensées qui m'assaillirent au moment où l'on m'apporta le pain et l'eau du condamné. Je regardai mon morceau de pain et je fus pris d'un débordement de larmes. « Gredin, scélérat, infâme, me dis-je à moi-même, ce morceau de pain, c'est le travail de ta pauvre mère qui te le gagne ! ta mère qui va venir te voir à l'heure de la récréation et à qui on va répondre que tu es en prison, et elle va pleurer dans la rue en s'en revenant chez elle sans t'avoir vu ni embrassé! Va, tu n'es qu'un misérable, et tu n'es même pas digne de manger ce pain-là. »

Et je laissai mon pain.

Cependant, rentré dans le courant ordinaire, je travaillais passablement ; et, grâce aux prix que je remportais chaque année, je m'acheminais vers l'obtention de cette « bourse entière », objet de tous mes vœux.

Il y avait, au lycée Saint-Louis, une chapelle dans laquelle tous les dimanches on exécutait une messe en musique. La tribune était coupée en deux et occupait toute la largeur de la chapelle. Dans l'une des deux moitiés se trouvaient l'orgue et les bancs réservés aux chanteurs. Le maître de chapelle, à l'époque où j'entrai au lycée, était Hippolyte Monpou, alors attaché comme accompagnateur à l'école de musique de Choron, et qui depuis se fit connaître par plusieurs mélodies et œuvres de théâtre qui rendirent son nom assez populaire.

Grâce à l'éducation musicale que j'avais reçue de ma mère dès ma plus tendre enfance, je lisais la musique à première vue ; j'avais, en outre, une voix très jolie et très juste ; et, lorsque j'entrai au collège, on ne manqua pas de me présenter à Monpou qui fut émerveillé de mes dispositions et me désigna immédiatement comme soprano solo de sa petite troupe musicale qui consistait en deux premiers dessus, deux seconds, deux ténors et deux basses.

Une imprudence de Monpou me fit perdre la voix. Au moment de la *mue*, il continua à me faire chanter, en dépit du silence et du repos commandés par cette phase de transformation des cordes vocales, et, depuis lors, je ne retrouvai ni cette force, ni cette sonorité, ni ce timbre, que je possédais étant enfant et qui constituent les véritables voix ; la mienne est restée couverte et voilée. J'eusse fait, je crois, sans cet accident, un bon chanteur.

La Révolution de 1830 mit fin au provisorat de l'abbé Ganser. Il fut remplacé par M. Liez, ancien professeur au lycée Henri IV, très attaché au nouveau régime, zélé partisan des exercices militaires qui s'introduisirent alors dans les collèges, et auxquels il assistait la tête haute, la main droite passée à la Napoléon dans les boutons de sa redingote, dans une attitude de sergent instructeur ou de chef de bataillon.

Au bout de deux ans, M. Liez fut lui-même remplacé par M. Poirson, sous le provisorat duquel commencent les événements qui ont décidé de la direction de ma vie.

Parmi les fautes dont je me rendais le plus souvent coupable, il en était une pour laquelle j'avais un faible particulier. J'adorais la musique ; et de ce goût passionné qui a déterminé le choix de ma carrière sont sorties les premières tempêtes qui aient troublé ma jeune existence. Quiconque a été élevé dans un lycée connaît cette fête chère aux collégiens, la Saint-Charlemagne. C'est un grand banquet auquel prennent part tous les élèves qui, depuis la rentrée des classes, ont obtenu dans les compositions une place de premier ou deux places de second. Ce banquet est suivi d'un congé de deux jours qui permet aux élèves de *découcher*, c'est-à-dire de passer une nuit chez leurs parents : régal très rare, gâterie très enviée de part et d'autre. Cette fête tombait en plein hiver. J'eus, dans l'année 1831, la bonne fortune d'y être convoqué ; et, pour me récompenser, ma mère me promit que j'irais, le soir, avec mon frère, au Théâtre-Italien, entendre *Otello* de Rossini. C'était la Malibran qui jouait le rôle de Desdemona ; Rubini, celui d'Otello ; Lablache, celui du père. L'attente de ce plaisir me rendit fou d'impatience et de joie. Je me souviens que j'en avais perdu l'appétit, si bien qu'à dîner ma mère me dit :

— Si tu ne manges pas, tu m'entends, tu n'iras pas aux Italiens !

Immédiatement je me mis à manger avec *résignation*. Le dîner avait eu lieu de très bonne heure, attendu que nous n'avions pas de billets pris à l'avance (ce qui eût coûté plus cher) et que nous étions obligés de *faire queue* pour tâcher d'attraper au bureau deux places au parterre, de 3 francs 75 centimes chacune, ce qui était déjà pour ma pauvre chère mère une grosse dépense. Il faisait un froid de loup ; pendant près de deux heures, mon frère et moi nous attendîmes, les pieds gelés, le moment, si ardemment souhaité, où la file commencerait à s'ébranler devant l'ouverture des bureaux. Nous entrâmes enfin. Jamais je n'oublierai l'impression que j'éprouvai à la vue de cette salle, de ce rideau, de ce lustre. Il me sembla que je me trouvais dans un temple, et que quelque chose de divin allait m'être révélé. Le moment solennel arrive. On frappe les trois coups d'usage ; l'ouverture va commencer ! Mon cœur bat à fendre ma poitrine. Ce fut un ravissement, un délire que cette représentation. La Malibran, Rubini, Lablache, Tamburini (qui jouait Iago), ces voix, cet orchestre, tout cela me rendit littéralement fou.

Je sortis de là complètement brouillé avec la prose de la vie réelle, et absolument installé dans ce rêve de l'idéal qui était devenu mon atmosphère et mon idée fixe. Je ne fermai pas l'œil de la nuit ; c'était une obsession, une vraie possession : je ne songeais qu'à faire, moi aussi, un Otello ! (Hélas ! mes thèmes et mes versions s'en sont bien aperçus et ressentis !) J'escamotai mes devoirs dont je m'étais mis à ne plus faire le brouillon et que j'écrivais tout de suite au net, sur copie, pour en être plus vite débarrassé, et pouvoir me livrer sans partage à mon occupation favorite, la composition, seul souci qui me parût digne de fixer ma pensée. Ce fut la source de bien des larmes et de gros chagrins. Mon maître d'étude, qui me voyait griffonner du papier de musique, s'approcha un jour de moi et me demanda mon devoir. Je lui présentai ma copie.

— Et votre brouillon ? ajouta-t-il.

Comme je ne pus le lui montrer, il s'empara de mon papier de musique et le déchira en mille morceaux. Je récrimine ; il me punit ; je proteste ; j'en appelle au proviseur; retenue, pensum, séquestre, etc.

Cette première persécution, loin de me guérir, ne fait qu'enflammer de plus belle mon ardeur musicale, et je me promets bien de mettre dorénavant mes joies en sûreté derrière l'accomplissement régulier de mes devoirs de collégien. Dans ces conjonctures, je me décide à rédiger une sorte de profession de foi dans laquelle je déclare formellement à ma mère que je veux absolument être artiste : j'avais, un moment, hésité entre la peinture et la musique ; mais, définitivement, je me sentais plus de propension à rendre mes idées en musique, et je m'arrêtais à ce dernier choix.

Ma pauvre mère fut bouleversée. Cela se comprend. Elle avait vu de près ce que c'est qu'une vie d'artiste, et probablement elle redoutait pour moi une seconde édition de l'existence peu fortunée qu'elle avait partagée avec mon père. Aussi accourut-elle, en grand émoi, conter ses doléances au proviseur, M. Poirson.

Celui-ci la rassura :

— Ne craignez rien, lui dit-il ; votre fils ne sera pas musicien. C'est un bon petit élève ; il travaille bien ; ses professeurs sont contents de lui ; je me charge de le pousser du côté de l'École normale. J'en fais mon affaire ; soyez tranquille, madame Gounod, votre fils ne sera pas musicien !

Ma mère partit toute remontée. Le proviseur me fit appeler dans son cabinet.

— Eh bien ? me dit-il, qu'est-ce que c'est, mon enfant ? tu veux être musicien ?

— Oui, monsieur.

— Ah çà, mais tu n'y songes pas ! Être musicien, ce n'est pas un état !

— Comment ? monsieur ! Ce n'est pas un état de s'appeler Mozart ? Rossini ?

Et je sentis, en lui répondant, ma petite tête de treize à quatorze ans se rejeter en arrière.

A l'instant, le visage de mon interlocuteur changea d'expression.

— Ah ! dit-il, c'est comme cela que tu l'entends ? Eh bien, c'est bon ; nous allons voir si tu es capable de faire un musicien. J'ai depuis dix ans ma loge aux Italiens, et je suis bon juge.

Aussitôt il ouvrit un tiroir, en tira une feuille de papier et se mit à écrire des vers. Puis il me dit :

— Emporte cela et mets-le-moi en musique.

Je jubilais.

Je le quittai et revins à l'étude ; chemin faisant, je parcourus avec une anxiété fiévreuse les vers qu'il venait de me confier. C'était la romance de *Joseph* : « A peine au sortir de l'enfance... »

Je ne connaissais ni *Joseph* ni Méhul. Je n'étais donc gêné ni intimidé par aucun souvenir. On se figure aisément le peu d'ardeur que je ressentis pour le thème latin dans ce moment d'ivresse musicale. A la récréation suivante, ma romance était faite. Je courus en hâte chez le proviseur.

— Qu'est-ce que c'est, mon enfant?

— Monsieur, ma romance est faite.

— Comment? déjà?

— Oui, monsieur.

— Voyons un peu! chante-moi cela.

— Mais, monsieur, il me faudrait le piano, pour m'accompagner.

(M. Poirson avait une fille qui étudiait le piano, et je savais qu'il y en avait un dans la pièce voisine.)

— Non, non, c'est inutile; je n'ai pas besoin de piano.

— Mais, monsieur, j'en ai besoin, moi, pour mes harmonies!

— Comment, tes harmonies? Et où sont-elles, tes harmonies?

— Mais là, monsieur, dis-je en mettant un doigt sur mon front.

— Ah!... Eh bien, c'est égal, chante tout de même; je comprendrai bien sans les harmonies.

Je vis qu'il fallait en passer par là, et je m'exécutai.

J'en étais à peine à la moitié de la première strophe, que je vis s'attendrir le regard de mon juge. Cette vue m'enhardit; je commençais à sentir la victoire passer de mon côté. Je poursuivis avec confiance, et, lorsque j'eus achevé, le proviseur me dit :

— Allons, maintenant, viens au piano.

Du coup, je triomphais; j'avais toutes mes armes en mains. Je recommençai mon petit exercice, et, à la fin, ce pauvre M. Poirson, vaincu, les larmes aux yeux, me prenait la tête dans ses deux mains, et m'embrassait en me disant :

— Va, mon enfant, fais de la musique !

Ma chère sainte mère avait prudemment agi : sa résistance était un devoir dicté par sa sollicitude ; mais, à côté des dangers qu'offrait un consentement trop facile à mes désirs, se présentait la grave responsabilité d'avoir peut-être entravé ma vocation. L'encouragement que m'avait donné le proviseur enlevait à ma mère un des principaux appuis de son opposition à mes projets et le premier soutien sur lequel elle eût compté pour m'en détourner : l'assaut était donné, le siège commencé ; il fallut capituler. Ma mère, cependant, tint bon aussi longtemps qu'elle put ; et, dans la crainte de céder trop vite et trop aisément à mes vœux, voici ce qu'elle imagina et à quel expédient elle eut recours.

Il y avait alors à Paris un musicien allemand qui jouissait d'une haute réputation comme théoricien : c'était Antoine Reicha. Outre ses fonctions de professeur de composition au Conservatoire, dont Cherubini était alors directeur, Reicha donnait chez lui des leçons particulières. Ma mère songea à me mettre entre ses mains et demanda au proviseur du lycée l'autorisation de venir me prendre les dimanches, à l'heure où le collège allait en promenade, et de me conduire chez Reicha pour y commencer l'étude de l'harmonie, du contre-point, de la fugue, en un mot, les préliminaires de l'art de la composition. Ma sortie, ma leçon et ma rentrée au collège représentaient environ le temps consacré à la promenade ; mes études régulières ne devaient donc souffrir en rien de cette faveur de sortie exceptionnelle. Le proviseur consentit, et ma mère me conduisit chez Reicha. Mais,

en me confiant à lui, voici ce qu'elle lui
dit en secret, ainsi qu'elle me l'a raconté
elle-même plus tard :

— Mon cher monsieur Reicha, je vous
amène mon fils, un enfant qui déclare
vouloir se livrer à la composition musicale.
Je vous l'amène contre mon gré; cette carrière des arts m'effraie pour lui, car je sais
de quelles difficultés elle est hérissée. Toutefois, je ne veux avoir à m'adresser, ni
que mon fils soit en droit de m'adresser,
un jour, le reproche d'avoir entravé sa carrière et mis obstacle à son bonheur. Je veux
donc m'assurer, d'abord, que ses dispositions sont réelles et que sa vocation est
solide. C'est pourquoi je vous prie de le
mettre à une sérieuse épreuve. Accumulez
devant lui les difficultés : s'il est vraiment
appelé à faire un artiste, elles ne le rebu-
teront pas; il en triomphera. Si, au contraire, il se décourage, je saurai à quoi

m'en tenir, et je ne le laisserai certainement pas s'engager dans une carrière dont
il n'aurait pas l'énergie de surmonter les
premiers obstacles.

Reicha promit à ma mère de me soumettre au régime qu'elle exigeait; il tint
parole, autant du moins qu'il était en lui.

Comme échantillon de mes petits talents de
gamin, j'avais porté à Reicha quelques pages
de musique, des romances, des préludes, des
bouts de valse, que sais-je? tout le peu qui
avait passé jusque-là par ma petite cervelle.

Sur quoi, Reicha avait dit à ma mère :

— Cet enfant-là sait déjà beaucoup de
ce que j'aurai à lui apprendre ; seulement,
il ignore qu'il le sait.

Lorsqu'au bout d'un an ou deux je fus
arrivé à des exercices d'harmonie un peu
plus qu'élémentaires, contrepoint de toute
espèce, fugues, canons, etc., ma mère lui
demanda :

— Eh bien, que pensez-vous ?

— Je pense, chère madame, qu'il n'y a
pas moyen de le dégoûter : rien ne le
rebute ; tout l'amuse ; tout l'intéresse ; et,
ce qui me plaît surtout chez lui, c'est qu'il
veut toujours savoir *le pourquoi*.

— Allons ! dit ma mère, il faut se rési-
gner.

Je savais qu'avec elle il n'y avait pas à
plaisanter. Plusieurs fois elle m'avait dit :

— Tu sais, si cela ne marche pas bien,
un fiacre, et *chez le notaire !*...

Le notaire ! c'était assez pour me faire
faire l'impossible.

D'autre part, mes notes de collège
étaient bonnes ; et, en dépit de la menace
suspendue sur moi de me faire redoubler
mes classes pour gagner du temps, j'avais
soin de ne pas donner à mes maîtres le
droit de considérer ma passion musicale
comme nuisible à mes études. Une fois

pourtant, je fus puni, et même assez sévèrement, pour n'avoir pas achevé je ne sais quel devoir. Le maître d'étude me mit en retenue avec un gros *pensum*, quelque chose comme cinq cents vers à copier. J'étais donc en train d'écrire, ou plutôt de gribouiller avec cette rapidité négligente qu'on apporte d'ordinaire à de semblables exercices, lorsque le surveillant s'approcha de la table. Après m'avoir observé en silence pendant quelques instants, il me mit doucement la main sur l'épaule, et me dit :

— C'est bien mal écrit, ce que vous faites là !

Je relevai la tête et répondis :

— Tiens ! si vous croyez que c'est amusant !

— Cela vous ennuie parce que vous le faites mal; si vous y apportiez plus de soin, ajouta-t-il paisiblement, cela vous ennuierait bien moins.

Cette simple parole, si pleine de sens, si tranquille, prononcée avec un accent de bonté patiente et persuasive, fut pour moi une telle lumière que, depuis ce jour, je ne me souviens pas d'avoir apporté de négligence ou de légèreté à mon travail : elle a été, pour moi, une révélation soudaine, complète et définitive de l'*attention* et de l'*application*. Je me remis à mon *pensum* que j'achevai dans de tout autres dispositions, et l'ennui disparut sous le contentement et le profit du bon conseil que je venais de recevoir.

Cependant, mes études musicales se poursuivaient avec fruit et m'attachaient de plus en plus.

Une vacance de plusieurs jours arriva (les congés du jour de l'an), et ma mère en profita pour me procurer un plaisir qui fut en même temps une grande et salutaire leçon. On donnait aux Italiens le *Don Giovanni* de Mozart. Ma mère m'y conduisit elle-même ; et cette divine soirée passée auprès d'elle, dans une petite loge des quatrièmes du Théâtre-Italien, est restée l'un des plus mémorables et des plus délicieux souvenirs de ma vie. Je ne sais si ma mémoire est fidèle, mais je crois que c'est Reicha qui avait conseillé à ma mère de me mener entendre *Don Juan*.

Devant le récit de l'émotion que me, fit éprouver cet incomparable chef-d'œuvre, je me demande si ma plume pourra jamais la traduire, je ne dis pas fidèlement, cela me paraît impossible, mais au moins de manière à donner quelque idée de ce qui s'est passé en moi pendant ces heures uniques dont le charme a dominé ma vie comme une apparition lumineuse et une sorte de vision révélatrice. Dès le début de l'ouverture, je me sentis transporté, par les solennels et majestueux accords de la scène finale du Commandeur, dans un monde absolument nouveau. Je fus saisi d'une terreur qui me glaçait; et, lorsque vint cette progression menaçante sur laquelle se déroulent ces gammes ascendantes et descendantes, fatales et implacables comme un arrêt de mort, je fus pris d'un tel effroi que ma tête tomba sur l'épaule de ma mère, et qu'ainsi enveloppé par cette double étreinte du beau et du terrible, je murmurai ces mots :

— Oh! maman, quelle musique! c'est vraiment *la* musique, cela!

L'audition de l'*Otello* de Rossini avait remué en moi les fibres de l'instinct musical; mais l'effet que me produisit le *Don Juan* eut une signification toute différente et une tout autre portée. Il me semble qu'il dut y avoir entre ces deux sortes d'impressions quelque chose d'analogue à

ce que ressentirait un peintre qui passerait
tout à coup du contact des maîtres véni-
tiens à celui des Raphaël, des Léonard de
Vinci et des Michel-Ange. Rossini m'avait
fait connaître l'ivresse de la volupté purement musicale : il avait charmé, enchanté
mon oreille. Mozart faisait plus : à cette
jouissance si complète au point de vue
exclusivement musical et sensible, se joi-
gnait, cette fois, l'influence si profonde et
si pénétrante de la vérité d'expression unie
à la beauté parfaite. Ce fut, d'un bout à
l'autre de la partition, un long et inexpri-
mable ravissement. Depuis les pathétiques
accents du trio de la mort du Commandeur
et de Donna Anna sur le corps de son
père, jusqu'à cette grâce de Zerline, et à
cette suprême et magistrale élégance du trio
des Masques et de celui qui commence le
deuxième acte sous le balcon de Donna
Elvire, tout, enfin (car, dans cette œuvre

immortelle, il faudrait tout citer), me pro-
cura cette espèce de béatitude qu'on ne
ressent qu'en présence des choses absolument belles qui s'imposent à l'admiration
des siècles, et servent, pour ainsi dire,
d'*étiage* au niveau esthétique dans les arts.
Cette représentation compte pour les plus
belles étrennes de mes années d'enfance; et
plus tard, lorsque j'obtins le grand prix de
Rome, en 1839, ce fut de la grande partition de *Don Juan* que ma pauvre mère me
fit cadeau pour me récompenser.

Cette année-là fut, au reste, particulièrement favorable au développement de ma
passion pour la musique. Après *Don Juan*,
j'entendis, pendant la semaine sainte, deux
concerts spirituels de la Société des concerts du Conservatoire, alors dirigée par
Habeneck. A l'un d'eux, on exécuta la
Symphonie pastorale de Beethoven, et, à
l'autre, la *Symphonie avec chœurs* du même

maître. Ce fut un nouvel élan donné à mon ardeur musicale, et je me souviens très bien que, tout en me révélant la personnalité si fière, si hardie de ce génie gigantesque et unique, ces deux auditions me laissèrent comme la conscience instinctive d'un langage semblable, au moins par bien des côtés, à celui auquel m'avait initié l'audition de *Don Juan* : quelque chose me disait que ces deux grands génies si diversement incomparables avaient une patrie commune et appartenaient aux mêmes doctrines.

Mon temps de collège s'avançait. Parmi les ressorts que ma mère avait mis en jeu pour me donner à réfléchir sur les conséquences de ma détermination, outre qu'elle comptait toujours un peu sur le redoublement de mes classes, elle avait espéré me dissuader en me déclarant formellement que si j'amenais un mauvais numéro au tirage pour la conscription, elle serait obligée de me laisser partir, étant trop pauvre pour payer un remplaçant militaire. Évidemment, ce n'était là qu'un expédient : la chère femme, qui avait, à coup sûr, mangé plus d'une fois du pain sec pour que ses enfants ne manquassent de rien, aurait vendu son lit plutôt que de se séparer de l'un de nous ; et, comme j'étais en âge de sentir et de comprendre tout ce qu'une pareille vie de travail, de dévouement et de sacrifices m'imposait d'obligations, de respect et d'amour pour ma mère, je lui dis, lorsqu'elle me parla de la conscription :

— C'est bien, maman ; ne m'en parlez plus ; j'en fais mon affaire : je me rachèterai moi-même, j'aurai le grand prix de Rome.

J'étais alors en troisième. Il s'était passé, dans la classe, un événement qui m'avait

4

attiré une certaine considération parmi mes camarades.

Nous avions pour professeur un certain M. Roberge qui avait un faible tout particulier pour les vers latins. Être fort en vers latins, c'était être sûr de conquérir ses bonnes grâces. On avait fait, un jour, à M. Roberge, je ne sais plus quelle farce, dont l'auteur ne voulait pas se déclarer et dont aucun de nous ne se serait permis de révéler la provenance. M. Roberge, devant ce refus d'aveu, frappa la classe entière d'une privation de congé. Comme on touchait aux vacances de Pâques, qui représentaient peut-être quatre ou cinq jours de sortie, la punition était terrible. Néanmoins la solidarité lycéenne ne broncha pas et le coupable resta ignoré.

L'idée me vint alors de prendre M. Roberge par son faible et d'essayer de le fléchir. Sans en rien dire à mes camarades, je composai une pièce de vers latins dont le sujet était le chagrin de petits oiseaux enfermés dans une cage, loin des campagnes, des bois, du soleil, de l'air, et redemandant à grands cris leur liberté. Il faut croire que le sentiment sous la dictée duquel j'écrivis mes vers me porta bonheur. En entrant en classe, je profitai d'un moment où M. Roberge avait les yeux tournés, et je déposai furtivement sur sa chaise ma petite composition. Lorsqu'il fut installé à sa place, il aperçut le papier, le déplia, il se mit à le lire. Puis il dit :

— Messieurs, quel est l'auteur de cette pièce de vers ?

Je levai la main.

— Elle est très bien, dit-il ; puis il ajouta : — Messieurs, je lève la privation de congé ; remerciez votre camarade Gounod dont le travail vous a mérité votre délivrance.

On devine les honneurs civiques dont je fus comblé en retour de cette amnistie...

J'étais arrivé en seconde. Je me retrouvais sous le professorat de mon cher maître de sixième, Adolphe Régnier. J'avais là pour camarades Eugène Despois, qui devint un brillant élève de l'École normale et un humaniste si distingué; Octave Ducros de Sixt; enfin Albert Delacourtie, l'honorable et intelligent avoué qui est resté un de mes plus fidèles et meilleurs amis. C'est à peu près entre nous quatre que se partageait le « banc d'honneur ». A Pâques, on me jugea assez avancé pour passer en rhétorique, où je ne fis qu'un séjour de trois mois, mes études ayant été assez satisfaisantes pour que ma mère renonçât au fameux projet de me faire redoubler des classes. Je quittai le lycée aux vacances; j'avais un peu plus de dix-sept ans.

Mais ma philosophie n'était pas faite, et ma mère n'entendait pas que mes études restassent inachevées. Il fut donc convenu et exigé que je continuerais mes études à la maison, et que, tout en poursuivant mon travail de composition, je préparerais mes examens pour le baccalauréat ès lettres, que je passai en effet au bout d'un an.

J'ai bien souvent regretté de n'y avoir pas ajouté le baccalauréat ès sciences, qui m'eût familiarisé de bonne heure avec une foule de notions dont je n'ai apprécié que plus tard toute l'importance et sur lesquelles je suis malheureusement resté un ignorant ! Mais le temps pressait ; il fallait se mettre en état de remporter ce prix de Rome auquel je m'étais engagé, et qui était une question de vie ou de mort pour mon avenir : or, il n'y avait pas un jour à perdre.

Reicha venait de mourir : je me trou-

vais sans professeur. Ma mère eut la pensée
de me conduire chez Cherubini, et de lui
demander mon admission dans une des
classes de composition du Conservatoire.
J'emportai sous mon bras quelques-uns de
mes cahiers de leçons avec Reicha, afin
de pouvoir renseigner Cherubini sur le
point où j'en étais. Cette exhibition ne fut
pas nécessaire. Cherubini s'informa verba-
lement de mon passé; et, lorsqu'il sut que
j'étais élève de Reicha (qui avait cependant
professé au Conservatoire), il dit à ma
mère :

— Eh bien ! maintenant, il faut qu'il
recommence tout dans une autre manière.
Je n'aime pas la manière de Reicha : c'est
un Allemand; il faut que le petit suive la
méthode italienne : je vais le mettre dans
la classe de contrepoint et de fugue de
mon élève Halévy.

Or, pour Cherubini, l'école italienne,

c'était la grande école qui descend de Palestrina, comme, pour les Allemands, le maître par excellence est Sébastien Bach. Loin de me décourager, cette décision me ravit.

— Tant mieux, me disais-je et répétais-je à ma mère, je n'en serai que mieux armé, ayant pris de chacune de ces deux grandes écoles ce qu'elles ont de particulier : tout est pour le mieux !

J'entrai dans la classe d'Halévy ; en même temps, Cherubini me mit, pour la composition lyrique, entre les mains de Berton, l'auteur de *Montano et Stéphanie* et d'un grand nombre d'ouvrages qui avaient joui d'une réputation méritée ; esprit fin, aimable, délicat, grand admirateur de Mozart, dont il recommandait la lecture assidue.

— Lisez Mozart, répétait-il sans cesse, lisez les *Noces de Figaro* !

Il avait bien raison ; ce devrait être le

bréviaire des musiciens : Mozart est à
Palestrina et à Bach ce que le Nouveau
Testament est à l'Ancien dans l'esprit d'une
seule et même Bible. Berton étant mort
environ deux mois après mon entrée dans
sa classe, Cherubini me plaça dans celle
de Le Sueur, l'auteur des *Bardes,* de la
Caverne, de plusieurs messes et oratorios :
esprit grave, recueilli, ardent, d'une inspiration parfois biblique, très enclin aux
sujets sacrés; grand, le visage pâle comme
la cire, l'air d'un vieux patriarche. Le Sueur
m'accueillit avec une bonté et une tendresse paternelles; il était aimant, il avait
un cœur chaud. Sa fréquentation, qui,
malheureusement pour moi, n'a duré que
neuf ou dix mois, m'a été très salutaire, et
j'ai reçu de lui des conseils dont la lumière
et l'élévation lui assurent un titre ineffaçable à mon souvenir et à ma reconnaissante affection.

Je refis, sous la direction d'Halévy, tout mon chemin de contrepoint et de fugue; mais, en dépit de mon travail, dont mon maître était pourtant satisfait, je n'obtins jamais de prix au Conservatoire ; mon objectif unique était ce grand prix de Rome que je m'étais engagé à remporter coûte que coûte.

J'allais avoir dix-neuf ans, lorsque je concourus pour la première fois. Je remportai le second prix. Lesueur étant mort, je devins élève de Paër, qui l'avait remplacé comme professeur de composition. Je concourus de nouveau l'année suivante ; ma mère était pleine de crainte et d'espoir à la fois : désormais, je ne pouvais plus avoir que le grand prix ou un échec. Ce fut un échec ! J'avais vingt ans, l'âge de la conscription ! Mais mon second prix de l'année précédente me valait un sursis d'un an. Il me restait donc encore les chances d'un troisième et dernier concours. Pour me consoler de ma défaite, ma mère m'emmena faire un voyage d'un mois en Suisse. Elle avait alors, malgré ses cinquante-huit ans, toute la verdeur d'une femme de trente ans. Pour moi qui, en dehors de Paris, n'avais encore vu que Versailles, Rouen et le Havre, ce voyage ne fut qu'une suite d'enchantements, depuis Genève, par Chamonix, l'Oberland, le Righi, les lacs, et le retour par Bâle. Je ne désadmirais pas. Nous parcourions la Suisse à dos de mulets, partant de grand matin, nous couchant tard, ma mère toujours levée la première et toute prête avant de me réveiller.

Je rentrai à Paris plein d'une nouvelle ardeur pour le travail, et bien résolu à en finir, cette fois, avec le grand prix de Rome. L'époque de ce concours si impatiemment attendu arriva enfin. J'entrai en loge, et je remportai le prix. Ma pauvre mère en pleura : de joie, d'abord, puis aussi de la pensée que ce triomphe, c'était la séparation prochaine, et une séparation de trois ans, dont deux passés à Rome et l'autre en Allemagne. Jamais nous ne nous étions quittés, et la fable des *Deux Pigeons* allait devenir sa pensée quotidienne.

Les artistes qui avaient remporté les autres grands prix la même année que moi étaient : pour la peinture, Hébert ; pour la sculpture, Gruyère ; pour l'architecture, Le Fuel ; pour la gravure en médailles, Vauthier, petit-fils de Galle.

A la fin d'octobre avait lieu la distribution solennelle des prix de Rome, séance publique annuelle, dans laquelle est exécutée la cantate du musicien lauréat. Mon frère, qui était architecte, avait fait, comme élève de Huyot, d'excellentes études à l'École des beaux-arts. Ne voulant pas

quitter notre mère, prévoyant peut-être
que le grand prix lui enlèverait, un jour,
le plus jeune de ses deux fils, mon frère
avait renoncé au concours de Rome, qui
l'eût éloigné, pour cinq ans, de cette mère
qu'il adorait et dont il était l'appui et le
soutien. Mais il avait remporté ce qu'on
appelait le prix départemental, qui était
accordé à l'élève ayant obtenu le plus de
médailles pendant le cours de ses études à
l'École des beaux-arts. Ce prix était pro-
clamé en séance publique de l'Institut, et
notre mère eut la joie de voir couronner
ses deux fils le même jour.

J'ai dit que mon frère avait été élevé au
lycée de Versailles. C'est là qu'il avait
connu Le Fuel, dont le père était lui-
même architecte au château, et qui devait,
plus tard, rendre illustre le nom qu'il portait. Le Fuel avait retrouvé mon frère
comme condisciple à l'atelier du célèbre

architecte Huyot, l'un des auteurs de l'Arc
de Triomphe de l'Étoile, et, depuis lors, ils
s'étaient liés d'une amitié que rien désormais ne devait rompre. Le Fuel avait près
de neuf ans de plus que moi. Ma mère,
qui l'aimait comme un fils, me confia à
lui, on devine avec quelles instances, et je
dois à la mémoire de cet excellent ami de
dire qu'il s'acquitta de sa mission avec la
plus fidèle et la plus vigilante sollicitude.

Avant mon départ, l'occasion s'offrit à
moi de me livrer à un travail bien sérieux
à tout âge et surtout au mien, une messe.
Le maître de chapelle de Saint-Eustache,
Dietsch, qui était alors chef des chœurs à
l'Opéra, me dit un jour :

— Écrivez donc une messe avant de
partir pour Rome ; je vous la ferai exécuter à Saint-Eustache.

Une messe ! de moi ! dans Saint-Eus-

tache ! Je crus rêver. J'avais cinq mois
devant moi ; je me mis résolument à
l'œuvre, et, au jour dit, j'étais prêt, grâce
à l'activité laborieuse de ma mère qui m'a-
vait aidé à copier les parties d'orchestre,
car nous n'avions pas le moyen de payer
un copiste. Une messe à grand orchestre,
s'il vous plaît ! Je la dédiai, avec autant
de témérité que de reconnaissance, à la
mémoire de mon cher et regretté maître
Le Sueur, et j'en dirigeai, moi-même, l'exécution à Saint-Eustache.

Ma messe n'était certes pas une œuvre
remarquable : elle dénotait l'inexpérience
qu'on pouvait attendre d'un jeune homme
encore tout novice dans le maniement de
cette riche palette de l'orchestre dont la
possession demande une si longue pratique;
quant à la valeur des idées musicales con-
sidérées en elles-mêmes, elle se bornait à
un sentiment assez juste, à un instinct

assez vrai de conformité au sens du texte sacré ; mais la fermeté du dessin, le voulu y laissait fort à désirer. Quoi qu'il en soit, ce premier essai me valut de bienveillants encouragements, parmi lesquels celui-ci, dont je fus particulièrement touché. Au moment où je rentrais à la maison avec ma mère après l'exécution de la messe, je trouvai à la porte de notre appartement (nous demeurions alors au rez-de-chaussée 8, rue de l'Éperon) un commissionnaire qui m'attendait, une lettre à la main. Je prends la lettre, je l'ouvre, et je lis ceci :

« Bravo, cher homme que j'ai connu enfant ! Honneur au *Gloria*, au *Credo*, surtout au *Sanctus !* c'est beau ; c'est vraiment religieux ! Bravo et merci ; vous m'avez rendu bien heureux. »

C'était de l'excellent M. Poirson, mon ancien proviseur de Saint-Louis, alors proviseur du lycée Charlemagne. Il avait vu annoncer l'exécution d'une messe de moi, et il était accouru, tout plein d'intérêt et de sollicitude, pour entendre les débuts du jeune artiste auquel il avait dit, sept ans auparavant :

— Va, mon enfant, fais de la musique !

Je fus tellement touché de son souvenir que je ne pris même pas le temps d'entrer chez moi ; je ne fis qu'un bond dans la rue, je montai dans un cabriolet... et j'arrive au lycée Charlemagne, rue Saint-Antoine, où je trouve mon cher ancien proviseur qui m'ouvre les bras et m'embrasse de tout son cœur.

Je n'avais plus que quatre jours à passer avec cette mère de qui j'allais me séparer pour trois ans et qui, à travers ses larmes, préparait toutes choses pour le jour de mon départ. Ce jour arriva rapidement.

II

L'ITALIE

Le 5 décembre 1839, Lefuel, Vauthier et moi, nous prenions, à huit heures du soir, la malle-poste qui partait de la rue Jean-Jacques-Rousseau. Mon frère seul était venu nous dire adieu. Notre première étape était Lyon. De là nous descendions le Rhône par Avignon, Arles, etc... jusqu'à Marseille. A Marseille, nous prenions un *voiturin*.

Le *voiturin !* que de souvenirs dans ce

mot ! Pauvre vieux véhicule écroulé, écrasé, broyé sous la vitesse haletante, vertigineuse des roues de fer de la vapeur ! Le *voiturin*, qui permettait de s'arrêter, de regarder, d'admirer paisiblement tous les sites à travers lesquels — quand ce n'est pas pardessous lesquels — la rugissante locomotive vous emporte maintenant comme un simple colis, et vous lance à travers l'espace avec la furie d'un bolide ! Le *voiturin*, qui vous faisait passer, peu à peu, graduellement, discrètement, d'un aspect à un autre, au lieu de cet obus à rails qui vous prend endormis sous le ciel de Paris et vous jette, au réveil, sous celui de l'Orient, sans transition, ni d'esprit ni de température, brutalement, comme une marchandise, à l'anglaise ! Beaucoup, vite et à fond de cale : comme du poisson qu'on expédie par le *rapide* pour qu'il arrive encore frais !

Si, du moins, le Progrès, ce conquérant sans pitié, laissait la vie aux vaincus ! Mais non : le *voiturin* n'est plus !... Je le bénis d'avoir été : il m'a permis de jouir en détail de cette admirable route de la Corniche qui prépare si bien le voyageur au climat et aux beautés pittoresques de l'Italie : Monaco, Menton, Sestri, Gênes, la Spezia, Trasimène, la Toscane avec Pise, Lucques, Sienne, Pérouse, Florence ; enseignement progressif et alternatif de la nature qui explique les maîtres et des maîtres qui vous apprennent à regarder la nature. Tout cela, nous l'avons pendant près de deux mois dégusté, savouré à notre aise ; et, le 27 janvier 1840, nous entrions dans cette Rome qui allait devenir notre résidence, notre éducatrice, notre initiatrice aux grandes et sévères beautés de la nature et de l'art.

Le Directeur de l'Académie de France à

Rome était alors M. Ingres. Mon père l'avait connu tout jeune. Dès notre arrivée, nous montâmes, comme c'était notre devoir, chez le directeur, pour lui être présentés, chacun par notre nom. Il ne m'eut pas plutôt aperçu qu'il s'écria :

— C'est vous qui êtes Gounod ! Dieu ! ressemblez-vous à votre père !

Et il me fit de mon père, de son talent de dessinateur, de sa nature, du charme de son esprit et de sa conversation, un éloge que j'étais fier d'entendre de la bouche d'un artiste de cette valeur, et qui était bien le plus doux accueil possible à mon arrivée.

Chacun de nous s'étant installé ensuite dans le logement qui lui était destiné, — logement qui se composait d'une grande pièce unique qu'on appelait une loge et qui servait de cabinet de travail et de chambre à coucher, — mon premier sentiment fut celui de ce long exil qui me séparait de ma mère. Je me demandai comment mon travail de pensionnaire suffirait à me faire prendre en patience un éloignement que le séjour de Rome et celui de l'Allemagne devaient faire durer trois ans.

De ma fenêtre, j'apercevais au loin le dôme de Saint-Pierre, et je m'abandonnais volontiers à la mélancolie dans laquelle me plongeait ma première expérience de la solitude, bien qu'à tout prendre ce ne fût pas une solitude que ce palais où nous étions vingt-deux pensionnaires, réunis chaque jour au moins deux fois autour de la table commune, — dans cette fameuse salle à manger tapissée des portraits de tous les pensionnaires depuis la fondation de l'Académie, — et que je fusse de nature à faire de suite connaissance et bon ménage avec tous mes camarades.

Je dois l'avouer : une des causes qui contribuèrent le plus à cette tristesse fut assurément l'impression que me fit mon arrivée à Rome. Ce fut une déception complète. Au lieu de la ville que je m'étais figurée, d'un caractère majestueux, d'une physionomie saisissante, d'un aspect grandiose, pleine de temples, de monuments antiques, de ruines pittoresques, je me trouvais dans une vraie ville de province, vulgaire, incolore, sale presque partout : j'étais en pleine désillusion, et il n'aurait pas fallu grand chose pour me faire renoncer à ma pension, reboucler ma malle et me sauver au plus vite à Paris pour y retrouver tout ce que j'aimais.

Certes, Rome renfermait tout ce que j'avais rêvé, mais non de manière à frapper tout d'abord : il fallait l'y chercher; il fallait fouiller çà et là et interroger peu à peu cette grandeur endormie du glorieux passé et faire revivre, en les fréquentant, les ruines muettes, les ossements de l'antiquité romaine.

J'était trop jeune alors, non seulement d'âge, mais encore et surtout de caractère; j'étais trop enfant pour saisir et comprendre, au premier coup d'œil, le sens profond de cette ville grave, austère, qui ne me parut que froide, sèche, triste et maussade, et qui parle si bas qu'on ne l'entend qu'avec des oreilles préparées par le silence et initiées par le recueillement. Rome peut dire ce que la Sainte Écriture fait dire à Dieu par rapport à l'âme : « Je la conduirai dans la solitude et là je parlerai à son cœur. »

Rome est, à elle seule, tant de choses, et ces choses sont enveloppées d'un calme si profond, d'une majesté si tranquille et si sereine qu'il est impossible d'en soupçonner, au premier abord, le prodigieux en-

semble et l'inépuisable richesse. Son passé
comme son présent, son présent comme sa
destinée, font d'elle la capitale non d'un
pays mais de l'humanité. Quiconque y a
vécu longtemps le sait bien; et, à quelque
nation que l'on appartienne, quelque langue
que l'on parle, Rome parle une langue si
universelle qu'on ne peut plus la quitter
sans sentir que l'on quitte une *patrie*.

Peu à peu, je sentis ma mélancolie faire
place à une disposition tout autre. Je me
familiarisai avec Rome et je sortis de cette
espèce de linceul où j'étais renfermé.

Toutefois je n'étais pas demeuré absolument oisif. Ma distraction favorite était
la lecture du *Faust* de Gœthe, en français,
bien entendu, car je ne savais pas un mot
d'allemand; je lisais, en outre, et avec grand
plaisir, les poésies de Lamartine : avant
de songer à mon premier envoi de Rome,
pour lequel j'avais du temps devant moi,

je m'étais occupé à écrire plusieurs mélodies, au nombre desquelles se trouvaient *le Vallon* ainsi que *le Soir*, dont la musique devait être, dix ans plus tard, adaptée à la scène de concours du premier acte de mon opéra, *Sapho*, sur les beaux vers de mon ami et illustre collaborateur Emile Augier : « *Héro, sur la tour solitaire...* » — Je les écrivis toutes deux à peu de jours de distance et presque dès mon arrivée à la Villa Médicis.

Six semaines environ s'écoulèrent ; mes yeux s'étaient habitués à cette ville dont le silence m'avait causé l'impression d'un désert ; ce silence même commençait à me charmer, à devenir un bien-être, et je trouvais un plaisir particulier à fréquenter le Forum, les ruines du Palatin, le Colisée, tous ces restes d'une grandeur et d'une puissance disparues, sur lesquels s'étend, depuis des siècles, la houlette auguste et pacifique du Pasteur des peuples et de la Dominatrice des nations.

J'avais fait connaissance et peu à peu lié amitié avec une excellente famille, les Desgoffe, qui recevaient l'hospitalité de M. et de madame Ingres. Alexandre Desgoffe était, non un pensionnaire de Rome, mais un élève de M. Ingres, paysagiste d'un talent noble et sévère. Il habitait l'Académie avec sa femme et sa fille, une charmante enfant de neuf ans, — devenue depuis madame Paul Flandrin, épouse et mère aussi admirable qu'elle avait été une fille parfaite. — Desgoffe était une nature rare : cœur profond, digne, dévoué, modeste; simple et limpide comme un enfant; fidèle et généreux. Ce fut, on le pense bien, une grande joie pour ma mère lorsque je lui écrivis qu'il y avait près de moi des êtres excellents qui me témoignaient une véritable affection et auprès desquels je pouvais trouver quelque adoucissement à ma solitude et, au besoin, des soins affectueux et dévoués.

Notre soirée du dimanche se passait habituellement dans le grand salon du directeur, chez qui les pensionnaires avaient, ce jour-là, leurs entrées de droit. On y faisait de la musique. M. Ingres m'avait pris en amitié. Il était fou de musique; il aimait passionnément Haydn, Mozart, Beethoven, Gluck surtout, qui, par la noblesse et l'accent pathétique de son style, lui semblait un Grec, un descendant d'Eschyle, de Sophocle et d'Euripide. M. Ingres jouait du violon : ce n'était pas un exécutant, moins encore un virtuose; mais il avait, dans sa jeunesse, fait sa partie de violon dans l'orchestre du théâtre de sa ville natale, Montauban, où il avait pris part à l'exécution des opéras de Gluck.

J'avais lu et étudié les œuvres de Gluck. Quant au *Don Juan* de Mozart, je le savais par cœur, et, bien que je ne fusse pas un pianiste, je me tirais assez passablement d'affaire pour pouvoir régaler M. Ingres du souvenir de cette partition qu'il adorait. Je savais également, de mémoire, les symphonies de Beethoven, pour lesquelles il avait une admiration passionnée : nous passions souvent une partie de la nuit à nous entretenir ainsi tous deux dans l'intimité des grands maîtres, et en peu de temps je fus tout à fait dans ses bonnes grâces.

Qui n'a pas connu intimement M. Ingres n'a pu avoir de lui qu'une idée inexacte et fausse. Je l'ai vu de très près, familièrement, souvent, longtemps; et je puis affirmer que c'était une nature simple, droite, ouverte, pleine de candeur et d'élan, et d'un enthousiasme qui allait parfois jusqu'à l'éloquence. Il avait des tendresses d'enfant et des indignations d'apôtre; il était d'une naïveté et d'une sensibilité touchantes et d'une fraîcheur d'émotion qu'on ne rencontre pas chez les *poseurs*, comme on s'est plu à dire qu'il l'était.

Sincèrement humble et petit devant les maîtres, mais digne et fier devant la suffisance et l'arrogance de la sottise; paternel pour tous les pensionnaires qu'il regardait comme ses enfants et dont il maintenait le rang avec une affection jalouse au milieu des visiteurs, quels qu'ils fussent, qui étaient reçus dans ses salons, tel était le grand et noble artiste dont j'allais avoir le bonheur de recueillir les précieux enseignements.

Je l'ai beaucoup aimé, et je n'oublierai jamais qu'il a laissé tomber devant moi quelques-uns de ces mots lumineux qui suffisent à éclairer la vie d'un artiste quand il a le bonheur de les comprendre.

On connaît le mot célèbre de M. Ingres :
« Le dessin est la probité de l'art. » Il en
a dit devant moi un autre qui est toute
une synthèse : « Il n'y a pas de grâce
sans force. » C'est qu'en effet la grâce et
la force sont complémentaires l'une de
l'autre dans le total de la beauté, la force
préservant la grâce de devenir mièvrerie,
et la grâce empêchant la force de devenir
brutalité. C'est l'harmonie parfaite de ces
deux éléments qui marque le sommet de
l'art et qui constitue le génie.

On a dit, et beaucoup l'ont machina-
lement répété, qu'il était despotique, into-
lérant, exclusif ; il n'était rien de tout
cela. S'il était contagieux, c'est qu'il avait
la foi, et que rien au monde ne donne
plus d'autorité. Je n'ai vu personne admirer plus de choses que lui, précisément
parce qu'il voyait mieux que personne
par où et pourquoi une chose est admi-

rable. Seulement il était prudent ; il savait à quel point l'entraînement des jeunes gens les expose à s'éprendre, à s'engouer, sans discernement et sans méthode, de certains traits personnels à tel ou tel maître ; que ces traits, qui sont les caractères propres, distinctifs de chaque maître, leur physionomie individuelle à laquelle on les reconnaît comme nous nous reconnaissons les uns les autres, sont précisément aussi les propriétés incommunicables de leur nature ; que, par conséquent, c'est d'abord et tout au moins un plagiat que de les vouloir imiter, et que, de plus, cette imitation tournera fatalement à l'exagération de qualités dont l'imitateur fera autant de défauts. Voilà ce qu'était M. Ingres et ce qui l'a fait accuser, très injustement, d'exclusivisme et d'intolérance.

L'anecdote suivante montrera combien il était sincère à revenir d'une première impression et peu obstiné dans ses répugnances. Je venais de lui faire entendre, pour la première fois, l'admirable scène de Caron et des Ombres, dans *l'Alceste*, non de Gluck, mais de Lulli ; cette première audition lui avait laissé une impression de raideur, de sécheresse, de dureté farouche, si pénible qu'il s'écria :

— C'est affreux ! c'est hideux ! ce n'est pas de la musique ! c'est du fer !

Je me gardai bien, moi jeune homme, de tenir tête à cette impétuosité d'un homme pour qui j'avais un tel respect ; j'attendis et laissai passer l'orage. A quelque temps de là, M. Ingres revint sur le souvenir que lui avait laissé ce morceau, — souvenir déjà un peu adouci, à ce qu'il me semblait, — et me dit :

— Voyons donc cette scène de Lulli : Caron et les Ombres ! Je voudrais réentendre cela.

Je la lui chantai de nouveau ; et, cette fois, plus familiarisé sans doute avec le style primitif et rugueux de cette peinture si saisissante, il fut frappé de ce qu'il y a d'ironique et de narquois dans le langage de Caron, et de touchant dans les plaintes de ces Ombres errantes, à qui Caron refuse le passage dans sa barque parce qu'elles n'ont pas de quoi le payer. Peu à peu, il s'attacha tellement au caractère de cette scène qu'elle devint un de ses morceaux favoris et qu'il me la redemandait constamment.

Mais sa passion dominante était le *Don Juan* de Mozart, où nous restions parfois ensemble jusqu'à deux heures du matin, au point que madame Ingres, tombant de fatigue et de sommeil, était obligée de fermer le piano pour nous séparer et nous envoyer dormir chacun de notre côté.

Il est vrai qu'en fait de musique ses

préférences étaient pour les Allemands et qu'il n'aimait pas beaucoup à parler de Rossini ; mais il regardait *le Barbier de Séville* comme un chef-d'œuvre ; il avait la plus grande admiration pour un autre maître italien, Cherubini, dont il a laissé un si magnifique portrait, et que Beethoven considérait comme le plus grand maître de son temps, ce qui n'est pas un mince éloge décerné par un tel homme. D'ailleurs, nous avons tous nos préférences : pourquoi M. Ingres n'aurait-il pas eu les siennes? Préférer n'est pas condamner ce que l'on ne préfère pas.

Une circonstance particulière favorisa et multiplia mes relations avec M. Ingres. J'aimais beaucoup à dessiner : aussi emportais-je souvent un album dans mes excursions à travers Rome. Un jour, en revenant d'une de mes promenades, je me trouvai, à la porte de l'Académie, nez à nez avec M. Ingres, qui rentrait aussi. Il aperçut mon album sous mon bras et me dit, en fixant sur moi ce regard à la fois profond et lumineux qui lui était propre :

— Qu'est-ce que vous avez là, sous le bras ?

Je répondis, un peu troublé :

— Mais... monsieur Ingres... c'est... un album !

— Un album ? et pour quoi faire ? vous dessinez donc ?

— Oh !... monsieur Ingres !... non... c'est-à-dire... oui... je dessine un peu .. mais... si peu...

— Vraiment ? Ah ! voyons ! montrez-moi ça !

Et, ouvrant mon album, il tomba sur une petite figure de Sainte Catherine que je venais de copier, le jour même, d'après

une fresque attribuée à Masaccio, dans la
vieille basilique de Saint-Clément, non
loin du Colisée.

— C'est vous qui avez fait ça? me dit
M. Ingres.

— Oui, monsieur.

— Tout seul?

— Oui, monsieur.

— Ah çà!... mais... savez-vous bien
que vous dessinez comme votre père!

— Oh!... monsieur Ingres!...

Puis, me regardant sérieusement :

— Vous me ferez des calques.

Faire des calques pour M. Ingres! peut-
être les faire auprès de lui! m'éclairer de
ses rayons! me chauffer à son enthousiasme! J'étais suffoqué d'honneur et de
joie.

C'était, en effet, à côté de lui, le soir, à
la lampe, que je me livrais à cette occupation si attachante et, en même temps,

si instructive pour moi, tant par les chefs-
d'œuvre qui passaient sous la pointe soi-
gneuse de mon crayon que par tout ce
que je recueillais de la conversation de
M. Ingres. Je fis pour lui près d'une centaine de calques, d'après des gravures de
sujets primitifs, qui eurent l'honneur d'habiter ses cartons, et dont plusieurs n'avaient
pas moins de quarante centimètres de hauteur.

Un jour, M. Ingres me dit :

— Si vous voulez, je vous fais revenir
à Rome avec le grand prix de peinture.

— Oh ! monsieur Ingres, répondis-je,
changer de carrière et en recommencer
une autre ! Et puis, quitter ma mère
encore une fois ! Oh ! non, non...

Cependant, comme après tout j'étais
à Rome pour me livrer à la musique et
non à la peinture, il fallait songer un peu

6

sérieusement aux occasions d'y entendre de la musique. Ces occasions n'étaient pas précisément fréquentes, mais, surtout, il s'en fallait qu'elles fussent profitables et salutaires.

Et d'abord, en fait de musique religieuse, il n'y avait guère qu'un endroit que l'on pût décemment et utilement fréquenter, c'était la chapelle Sixtine, au Vatican : ce qui se passait dans les autres églises était à faire frémir ! En dehors de la chapelle Sixtine — et de celle dite « des Chanoines », dans Saint-Pierre — la musique n'était pas même nulle : elle était exécrable. On n'imagine pas un tel assemblage, en pareil lieu, des inconvenances qui s'y étalaient en l'honneur du ciel. Tous les oripeaux de la musique profane passaient sur les tréteaux de cette mascarade religieuse. Aussi ne m'y reprit-on pas après les premières expériences.

J'allais, d'ordinaire, le dimanche, entendre l'office en musique à la chapelle Sixtine, le plus souvent en compagnie de mon camarade et ami Hébert... Mais la Sixtine! pour en parler comme il conviendrait, ce ne serait pas trop des auteurs de ce qu'on y voit et de ce qu'on y entend, — ou plutôt de ce qu'on y entendait jadis, car, hélas! si l'on y peut voir encore l'œuvre sublime mais destructible et déjà bien altérée de l'immortel Michel-Ange, il paraît que les hymnes du divin Palestrina ne résonnent plus sous ces voûtes que la captivité politique du Souverain Pontife a rendues muettes et dont le vide pleure éloquemment l'absence de leur hôte sacré.

J'allais donc le plus possible à la chapelle Sixtine. Cette musique sévère, ascétique, horizontale et calme comme la ligne de l'Océan, monotone à force de sérénité, antisensuelle, et néanmoins d'une intensité de contemplation qui va parfois à l'extase, me produisit d'abord un effet étrange, presque désagréable. Était-ce le style même de ces compositions, entièrement nouveau pour moi, était-ce la sonorité particulière de ces voix spéciales que mon oreille entendait pour la première fois, ou bien cette attaque ferme jusqu'à la rudesse, ce martèlement si saillant qui donne un tel relief à l'exécution en soulignant les diverses entrées des voix dans ces combinaisons d'une trame si pleine et si serrée, — je ne saurais le dire. Toujours est-il que cette impression, pour bizarre qu'elle fût, ne me rebuta point. J'y revins encore, puis encore, et je finis par ne pouvoir plus m'en passer.

Il y a des œuvres qu'il faut voir ou entendre dans le lieu pour lequel elles ont été faites. La chapelle Sixtine est un de ces lieux exceptionnels; elle est un monument unique dans le monde. Le génie colossal qui en a décoré les voûtes et le mur de l'autel par ces incomparables conceptions de la Genèse et du Jugement dernier, ce peintre des Prophètes, avec lesquels il semble traiter d'égal à égal, n'aura sans doute jamais son pareil, non plus qu'Homère ou que Phidias. Les hommes de cette trempe et de cette taille ne se voient pas deux fois : ce sont des synthèses; ils embrassent un monde, ils l'épuisent, ils le ferment, et ce qu'ils ont dit, nul ne peut plus le redire après eux. La musique palestrinienne semble être une traduction chantée du vaste poème de Michel–Ange, et j'inclinerais à croire que les deux maîtres s'éclairent, pour l'intelligence, d'une lumière mutuelle : le spectateur développe l'auditeur, et réciproquement; si bien qu'au bout de quelque temps on est tenté de se demander si la chapelle Sixtine, peinture et musique, n'est pas le produit d'une seule et même inspiration. Musique et peinture s'y pénètrent dans une si parfaite et si sublime unité qu'il semble que le tout soit la double parole d'une seule et même pensée, la double voix d'un seul et même cantique; on dirait que ce qu'on entend est l'écho de ce qu'on regarde.

Il y a, en effet, entre l'œuvre de Michel-Ange et celle de Palestrina de telles analogies, une telle parenté d'impressions, qu'il est bien difficile de n'en pas conclure au même ensemble de qualités, j'allais dire de vertus chez ces deux intelligences privilégiées. De part et d'autre, même simplicité, même humilité dans l'emploi des moyens, même absence de préoccupation de l'effet, même dédain de la séduction. On sent que le procédé matériel, la main, ne compte plus, et que l'âme seule, le regard immuablement fixé vers un monde supérieur, ne songe qu'à répandre dans une forme soumise et subjuguée toute la sublimité de ses contemplations. Il n'y a pas jusqu'à la teinte générale, uniforme, dont cette peinture et cette musique sont enveloppées, qui ne semble faite d'une sorte de renoncement volontaire à toutes les teintes : l'art de ces deux hommes est pour ainsi dire un sacrement où le signe sensible n'est plus rien qu'un voile jeté sur la réalité vivante et divine. Aussi ni l'un ni l'autre de ces deux grands maîtres ne séduit-il tout d'abord. En toutes choses, c'est l'éclat extérieur qui attire ; là, rien de pareil : il faut pénétrer au delà du visible et du sensible.

A l'audition d'une œuvre de Palestrina, il se passe quelque chose d'analogue à l'impression produite par la lecture d'une des grandes pages de Bossuet : rien ne frappe en route, et au bout du chemin on se trouve porté à des hauteurs prodigieuses; serviteur docile et fidèle de la pensée, le mot ne vous a ni détourné ni arrêté à son profit, et vous êtes parvenu au sommet, sans secousse, sans diversion, sans malversation, conduit par un guide mystérieux qui vous a caché sa trace et dérobé ses secrets. C'est cette absence de procédés visibles, d'artifices mondains, de coquetterie vaniteuse, qui rend absolument inimitables les œuvres supérieures : pour les atteindre, il ne faut rien de moins que l'esprit qui les a conçues et les ravissements qui les ont dictées.

Quant à l'œuvre immense, gigantesque de Michel-Ange, que pourrai-je en dire? Ce que Michel-Ange a répandu, dépensé, entassé de génie, non seulement comme peintre mais comme poète, sur les murs de ce lieu unique au monde est prodigieux. Quel assemblage puissant des faits ou des personnages qui résument ou symbolisent l'histoire capitale, l'histoire essentielle de notre race ! Quelle conception que cette double lignée de Prophètes et de Sibylles, ces voyants et ces voyantes dont l'intuition perce les voiles de l'avenir et porte à travers les âges l'Esprit devant qui tout est présent ! Quel livre que cette voûte remplie des origines de l'humanité, et qui se rattache, par la figure colossale du prophète Jonas échappé aux entrailles d'une baleine, au triomphe de cet autre Jonas arraché par sa propre puissance aux ténèbres du tombeau et vainqueur de la mort ! Quel hosanna rayonnant et sublime que cette légion d'anges que le transport de leur enthousiasme roule et tord pour ainsi dire autour des instruments bénis de la Passion qu'ils emportent à travers l'espace lumineux jusque dans les hauteurs de la gloire céleste, tandis que, dans les abîmes inférieurs du tableau, la cohue des réprouvés se détache, lugubre et désespérée, sur les livides et dernières lueurs d'un jour qui semble leur dire adieu pour jamais ! Et sur la voûte même, quelle traduction éloquente et pathétique des premières heures de nos premiers parents ! Quelle révélation que ce geste prodigieux de l'acte créateur qui, sur cette statue encore inanimée du premier homme, vient de déposer cette « âme vivante » qui va le mettre en relation consciente avec le principe de son être ! Quelle puissance immatérielle se dégage de cet espace vide, si étroit et d'une si profonde signification, laissé par le peintre entre le doigt créateur et la créature, comme s'il eût voulu dire que, pour passer et pour atteindre, la volonté divine ne connaît ni distance ni obstacle, et que pour Dieu, acte pur, comme s'exprime la langue théologique, vouloir et produire ne sont qu'une seule et même opération! Quelle grâce dans cette attitude soumise de la première femme lorsque, tirée des profondeurs du sommeil d'Adam, elle se trouve en présence de son Créateur et son Père! Quelle merveille que cet élan d'abandon filial et de gratitude expansive par lequel elle s'incline sous cette main qui l'accueille et la bénit avec une tendresse si calme et si souveraine!

Mais il faudrait s'arrêter à chaque pas, et on n'aurait encore qu'effleuré ce poème extraordinaire dont l'étendue donne le vertige. On pourrait presque dire, de ce vaste ensemble de peintures de la Bible, que c'est la Bible de la peinture. Ah! si les jeunes gens soupçonnaient ce qu'il y a d'éducation pour leur intelligence et de nourriture pour leur avenir dans ce sanctuaire de la chapelle Sixtine, ils y passeraient leurs journées entières, et les sollicitations de l'intérêt, pas plus que le souci de la renommée, n'auraient de prise sur des caractères façonnés à une si haute école de ferveur et de recueillement.

A côté de cette grande tradition de musique sacrée maintenue par les offices de la chapelle pontificale, j'avais à faire aussi comme pensionnaire, une part à l'étude de la musique dramatique. Le répertoire du théâtre, à cette époque, était à peu près entièrement composé des opéras de Bellini, de Donizetti, de Mercadante, toutes œuvres qui, malgré les qualités propres et l'inspiration parfois personnelle de leurs auteurs, étaient, par l'ensemble des procédés, par leur coupe de convention, par certaines formes dégénérées en formules, autant de plantes enroulées autour de ce robuste tronc rossinien dont elles n'avaient ni la sève ni la majesté, mais qui semblait dis-

paraître sous l'éclat momentané de leur
feuillage éphémère. Il n'y avait, en outre,
aucun profit musical à recueillir de ces
auditions bien inférieures, au point de vue
de l'exécution, à celles qu'offrait le Théâtre-
Italien de Paris, où les mêmes ouvrages
étaient interprétés par l'élite des artistes
contemporains. La mise en scène elle-
même était parfois grotesque. Je me rappelle avoir assisté, au Théâtre Apollo, à
Rome, à une représentation de *Norma*,
dans laquelle les guerriers romains portaient une veste et un casque de pompier
et un pantalon beurre frais de nankin
à bandes rouge cerise : c'était absolument comique ; on se serait cru chez
Guignol.

J'allais donc rarement au théâtre, et je
trouvais plus d'avantages à étudier chez moi
les partitions de mes chers maîtres favoris,
les *Alceste* de Lulli, les *Iphigénies* de Gluck,

le *Don Juan* de Mozart, le *Guillaume Tell*
de Rossini.

Outre les heures d'intimité passées auprès de M. Ingres pendant cette fameuse
période des *calques*, j'avais la bonne fortune d'être admis à le voir travailler dans
son atelier, et on devine si j'avais garde
de ne pas profiter d'une telle faveur. Pendant qu'il peignait je lui faisais la lecture,
et on peut penser que je m'interrompais
plus d'une fois pour le regarder peindre.
C'est ainsi que je l'ai vu reprendre et
achever son tableau si exquis de la *Stra-
tonice*, devenu la propriété du duc d'Or-
léans, et sa *Vierge à l'hostie*, destinée à la
galerie de M. le comte Demidoff. L'histoire de ce dernier tableau offre une par-
ticularité très intéressante dont je fus le
témoin. Dans la composition primitive,
le premier plan n'était pas occupé par le
ciboire surmonté de la sainte hostie, mais

par une admirable figure de l'Enfant Jésus,
couché, endormi, la tête reposant sur un
oreiller dont sa petite main tenait un
gland avec lequel il avait l'air de jouer encore. C'était ou, du moins, cela me semblait quelque chose d'exquis, comme grâce
de dessin, comme charme de peinture,
comme abandon d'attitude, que ce ravissant petit corps si lumineux et si potelé.
M. Ingres lui-même en paraissait très
satisfait, et lorsque je le quittai, au moment où le déclin du jour l'obligea de sus-
pendre son travail, il était enchanté de sa
journée. Le lendemain, dans l'après-midi,
je remonte à son atelier : — plus d'Enfant Jésus! La figure avait disparu, entièrement grattée par le couteau à palette : il
n'en restait plus trace.

— Ah! monsieur Ingres! m'écriai-je
consterné.

Et lui, triomphant, l'air résolu :

— Mon Dieu, oui ! me dit-il ; oui !...
souligna-t-il encore.

La splendeur du symbole divin venait
de lui apparaître comme supérieure à cette
lumineuse réalité humaine, et, par suite,
plus digne des hommages de cette vierge
adorant son fils : il n'avait pas hésité à sa-
crifier un chef-d'œuvre à une vérité. C'est
à ces nobles préférences, c'est à cette rigueur désintéressée qu'on reconnait les
hommes dont le privilège et la récompense
légitime sont dans cette autorité inamis-
sible qui les classe parmi les guides et
les docteurs des autres hommes.

La compagnie des pensionnaires de mon
temps, à l'Académie de France, à Rome,
comptait dans son sein bien des jeunes artistes, dont plusieurs sont devenus célèbres :
entre autres, Lefuel, Hébert, Ballu, l'architecte, tous trois aujourd'hui membres de

l'Institut ; d'autres, ou qui se seraient illustrés ou qu'une mort prématurée a enlevés à leur art en pleine espérance pour leur pays : Papety le peintre, Octave Blanchard, Buttura, Lebouy, Brisset, Pils, les sculpteurs Diébolt et Godde, les musiciens Georges Bousquet, Aimé Maillart ; autant de rejetons de cette école si décriée qui, après les Hippolyte Flandrin et les Ambroise Thomas, produisait Cabanel, Victor Massé, Guillaume, Cavelier, Georges Bizet, Baudry, Massenet et tant d'autres artistes éminents dont il faudrait joindre le nom à cette liste déjà respectable.

Les pensionnaires étaient souvent invités aux soirées de l'ambassade de France. C'est là que je vis, pour la première fois, Gaston de Ségur, alors attaché d'ambassade, devenu, depuis, le saint évêque que tout le monde sait, et que j'ai eu le bonheur de compter au nombre de mes plus tendres et plus fidèles amis.

Au séjour de Rome, qui était la résidence permanente et régulière, vinrent s'ajouter les excursions autorisées dans le reste de l'Italie.

Je n'oublierai jamais l'impression que me fit Naples la première fois que j'y arrivai, avec mon camarade Georges Bousquet, mort aujourd'hui, et qui avait eu le grand prix de musique l'année précédente. Nous faisions le voyage avec le marquis Amédée de Pastoret, qui avait écrit les paroles de la cantate avec laquelle je venais de remporter le prix.

Ce climat enchanteur qui fait pressentir et deviner le ciel de la Grèce, ce golfe, bleu comme le saphir, encadré dans une ceinture de montagnes et d'îles dont les pentes et les sommets prennent, au coucher du soleil, cette gamme incessamment changeante de teintes magiques qui défieraient les plus riches velours et les pierreries les plus étincelantes, tout cela me produisit l'effet d'un rêve ou d'un conte de fées. Les environs, ces merveilles qu'on appelle le Vésuve, Portici, Castellamare, Sorrente, Pompéï, Herculanum, les îles d'Ischia et de Capri, Pausilippe, Amalfi, Salerne, Pœstum enfin avec ses admirables temples doriques que baignaient autrefois les flots d'azur de la Méditerranée, me semblèrent une véritable vision. Ce fut absolument l'inverse de Rome : le ravissement instantané.

Si l'on ajoute à de pareilles séductions tout l'intérêt qui s'attache à la visite du Musée de Naples (les *Studii* ou Musée Borbonico), trésor unique par les chefs-d'œuvre d'art antique qu'il renferme et dont la plupart ont été révélés par les fouilles de Pompéï, d'Herculanum, de Nola et autres villes enfouies depuis plus de dix-huit siècles sous les éruptions du Vésuve, on comprendra facilement ce que doit être l'attrait d'une pareille ville, et combien de jouissances y attendent un artiste.

Trois fois, pendant mon séjour à Rome, j'eus le bonheur de visiter Naples, et parmi les plus vives et les plus profondes impressions que j'en aie rapportées, je place en première ligne cette île merveilleuse de Capri, si sauvage et si riante à la fois grâce au contraste de ses rochers abruptes et de ses coteaux verdoyants.

Ce fut en été que je visitai Capri pour la première fois. Il faisait un soleil ardent et une chaleur torride. Pendant le jour, il fallait ou s'enfermer dans une chambre en demandant à l'obscurité un peu de fraîcheur et de sommeil, ou se plonger dans la mer et y passer une partie de la journée, ce que je faisais avec délices. Mais ce qu'il est difficile d'imaginer, c'est la splendeur des nuits sous un pareil climat, dans une telle saison. La voûte du ciel est littéralement palpitante d'étoiles ; on dirait un autre Océan dont les vagues sont faites de lumière, tant le scintillement des astres emplit et fait vibrer l'espace infini. Pendant les deux semaines que dura mon séjour, j'allais souvent écouter le silence vivant de ces nuits phosphorescentes : je passais des heures entières, assis sur le sommet de quelque roche escarpée, les yeux attachés sur l'horizon, faisant parfois rouler, le long de la montagne à pic, quelque gros quartier de pierre dont je suivais le bruit jusqu'à la mer, où il s'engouffrait en soulevant un friselis d'écume. De loin en loin, quelque oiseau solitaire faisait entendre une note lugubre et reportait ma pensée vers ces précipices fantastiques dont le génie de Weber a si merveilleusement rendu l'impression de terreur dans son immortelle scène de la « fonte des balles » de l'opéra *le Freischütz*.

Ce fut dans une de ces excursions nocturnes que me vint la première idée de la « nuit de Walpürgis » du *Faust* de Gœthe. Cet ouvrage ne me quittait pas ; je l'emportais partout avec moi, et je consignais, dans des notes éparses, les différentes idées que je supposais pouvoir me servir le jour où je tenterais d'aborder ce sujet comme opéra, tentative qui ne s'est réalisée que dix-sept ans plus tard.

Cependant il fallait reprendre la route de Rome et rentrer à l'Académie. Quelque agréable et séduisant que fût le séjour de Naples, je n'y suis jamais resté sans éprouver, au bout d'un certain temps, le besoin de revoir Rome : c'était comme le mal du pays qui s'emparait de moi, et je m'éloignais sans tristesse de ce milieu auquel je devais cependant des heures si délicieuses. C'est qu'avec toute sa splendeur et tout son prestige, Naples est, en somme, une

ville criarde, tumultueuse, agitée, glapis-
sante. La population s'y démène et s'y in-
terpelle et s'y chicane et s'y dispute, du
matin au soir et même du soir au matin,
sur ces quais où l'on ne connait ni le repos
ni le silence. L'altercation, à Naples, est
l'état normal; on y est assiégé, importuné,
obsédé par les infatigables poursuites des
facchini, des marchands, des cochers, des
bateliers qui, pour un peu, vous pren-
draient de force et se font, entre eux, la
concurrence au rabais[1].

De retour à Rome, je me mis au travail. C'était à l'automne de 1840.

Malgré le professorat qui, pendant la
semaine, remplissait du matin au soir les
journées de ma mère, elle trouvait encore
le temps de me faire une large part de cor-

---

1. Voir plus loin, p. 211, une lettre de Gounod à Lefuel,
en date du 14 juillet 1840

respondance. Ce n'était guère que sur son sommeil qu'elle pouvait prendre les heures que me consacrait, sous cette forme, sa tendre et constante sollicitude. Je recevais d'elle des lettres dont la longueur seule me donnait la mesure du repos dont elle avait dû se priver pour les écrire. Je savais que, dès cinq heures, elle était levée pour être prête à recevoir sa première élève, qui arrivait à six heures ; que, fort souvent, l'heure même de son déjeuner était sacrifiée à une leçon pendant laquelle, pour tout repas, elle avalait une soupe, ou même un simple morceau de pain avec un verre d'eau rougie ; que ce métier durait jusqu'à six heures du soir ; qu'après son dîner il lui fallait s'occuper des mille soins qu'exige l'entretien d'une maison ; qu'elle avait, d'ailleurs, à écrire à bien d'autres qu'à moi ; que, de plus, elle était dame de charité et travaillait bien souvent de ses mains pour vêtir les pauvres qu'elle visitait ; mille choses, enfin, qu'on ne pouvait concilier qu'à force d'ordre et de méthode dans l'emploi du temps : — c'est qu'elle était douée, au plus haut degré, de ces deux essentielles et fondamentales qualités sur lesquelles repose toute vie utile et bien remplie. Ah ! fpar exemple, elle avait rayé de son programme cette plaie de *la visite* qui consiste à perdre son temps, du lundi au samedi, pour aller simplement chez les autres leur faire perdre le leur, et à *tuer* ce temps qui fait mourir d'ennui quiconque ne l'emploie pas à *vivre*. Aussi nous avait-elle élevés avec des maximes courtes, mais qui en disaient long, et qu'elle nous jetait en passant, avec ce laconisme des gens qui n'ont pas le temps d'être bavards : — « Qui ne fait pas de dépenses inutiles trouve toujours moyen de faire les dépenses nécessaires. » — « Qui ne perd pas une minute a toujours le temps de faire tout ce qu'il doit. »

Un des amis de notre famille me disait : « Votre mère est, pour moi, non pas un miracle, mais deux miracles ; je ne sais pas où elle trouve le temps qu'elle emploie et l'argent qu'elle donne. » Je sais bien, moi, où elle trouvait l'un et l'autre : dans sa raison et dans son cœur. Plus elle en avait à faire, plus elle en faisait. C'est l'inverse d'un mot charmant d'Émile Augier, mais qui signifie absolument la même chose : « J'ai été tellement inoccupé que je n'ai eu le temps de rien faire. »

Dans les lettres de ma mère, mon cher et excellent frère glissait aussi, de temps à autre, quelques bonnes paroles et quelques sages conseils à mon adresse. J'en avais grand besoin, car, je dois le dire, la sagesse n'a jamais été mon côté fort, et la *faiblesse* est bien *forte* quand la raison n'est pas là pour lui faire contrepoids. Hélas! j'ai assez mal profité de tout cela, et j'en fais mon *meâ culpâ*...

Il y a, à Rome, dans le Corso, une église qu'on appelle Saint-Louis-des-Français, et qui est desservie par un chanoine et des prêtres français. Tous les ans, à la fête du roi Louis-Philippe, c'est-à-dire le 1er mai, on célébrait, dans cette église, une messe en musique dont la composition revenait au musicien pensionnaire. L'année de mon arrivée à Rome, la messe exécutée (messe avec orchestre) était de mon camarade Georges Bousquet. L'année suivante, ce devait être mon tour. Craignant qu'avec mes obligations de pensionnaire je n'eusse pas le temps d'accomplir un travail de cette importance, ma mère m'envoya ma messe de Saint-Eustache entièrement copiée de sa main sur le manuscrit de ma partition d'orchestre, dont elle ne voulait ni se dessaisir ni risquer la perte dans le transport par la poste.

On imagine ce que j'éprouvai en recevant, à Rome, cette nouvelle preuve de la tendresse et de la patience maternelles. Toutefois je n'en fis pas l'usage auquel ma mère l'avait destinée : je trouvai qu'il était plus digne d'un artiste consciencieux de chercher mieux que cela (ce qui n'était pas difficile), et je poursuivis bravement la nouvelle messe que j'avais commencée en vue de la fête du roi. Je la composai et j'en dirigeai moi-même l'exécution [1]. Ce travail me porta bonheur; outre les félicitations, fort indulgentes assurément, qu'il me valut, je lui dus la nomination de « Maître de chapelle honoraire à vie » de l'église Saint-Louis-des-Français, à Rome. Je ne me

1. Sur une répétition de cette messe voir plus loin, p. 216, une lettre de Gounod à Lefuel, avec post-scriptum d'Hébert, en date du 4 avril 1841.

doutais guère que, l'année suivante, j'aurais, en Allemagne, l'occasion de la faire entendre et de la diriger. On verra plus loin quels furent pour moi les conséquences et les avantages de cette seconde exécution.

Plus j'avançois dans mon séjour à Rome, plus je m'attachais profondément à cette ville d'un attrait mystérieux et d'une paix incomparable. Après les lignes crénelées, volcaniques, bondissantes, du cratère de Naples, les lignes placides, solennelles, silencieuses de la campagne de Rome encadrée par les monts Albains, les montagnes du Latium et la Sabine, le majestueux mont Janvier, le Soracte, les monts de Viterbe, le Monte Mario, le Janicule, me causaient l'impression douce et sereine d'un cloître à ciel ouvert. Un de mes sites de prédilection, dans les environs de Rome, était le village de Nemi, avec son lac que l'œil découvre au fond d'un vaste cratère et qui est entouré de bois touffus d'une végétation splendide. Le tour du lac, par la route supérieure, est une des plus ravissantes promenades qu'il soit possible de rêver : faite par un beau jour et terminée par un coucher de soleil tel qu'il m'a été donné de le contempler en apercevant la mer des hauteurs de Gensano, c'est un souvenir enchanteur et ineffaçable.

Mais les environs de Rome abondent en sites admirables et fournissent au voyageur et au touriste une série inépuisable d'excursions : Tivoli, Subiaco, Frascati, Albano, l'Ariccia, et mille autres lieux tant de fois explorés par les peintres paysagistes, sans parler de ce Tibre dont les bords ont un caractère si noble et si majestueux.

Parmi les merveilles d'art qu'on ne rencontre qu'à Rome, comment passerais-je sous silence, dans ces souvenirs de ma jeunesse, une œuvre d'une beauté incomparable qui se partage, avec la chapelle Sixtine, l'intérêt et la gloire du Vatican? Je veux parler de ces immortelles peintures de Raphaël dont l'ensemble compose ce que l'on nomme « les Loges » et « les Stances » : « *le Loggie e le Stanze* ». C'est là que se trouvent ces pages immortelles de *l'École d'Athènes* et de *la Dispute du Saint-Sacrement*, dans la salle *(stanza)* dite « de la Signature ». Ces deux chefs-d'œuvre, parmi tant d'autres dus au pinceau de ce peintre unique, ont porté si haut le prestige de la beauté qu'il semble impossible qu'on les surpasse jamais. Et pourtant, tel est l'ascendant irrésistible du génie que cet homme qui n'a pas son pareil, cet homme dont les siècles ont placé le nom au sommet de la gloire, ce Raphaël enfin, a été

troublé par Michel-Ange ! Il a subi l'étreinte
de ce Titan ; il a fléchi sous le poids de ce
colosse, et ses dernières œuvres portent la
trace de l'hommage rendu à l'inspiration
grandiose de ce vaste et puissant cerveau
qui a dépassé les proportions humaines.

Raphaël est le premier ; Michel-Ange est
le seul. Chez Raphaël, la force se dilate
et s'épanouit dans la grâce ; chez Michel-
Ange, c'est la grâce qui semble, au contraire, discipliner et soumettre la force.
Raphaël vous charme et vous séduit, Michel-
Ange vous fascine et vous écrase. L'un est
le peintre du Paradis terrestre ; l'autre
semble plonger, avec le regard de l'aigle,
comme le captif de Pathmos, jusque dans
le séjour enflammé des séraphins et des
archanges. On dirait que ces deux grands
évangélistes de l'Art ont été placés là, l'un
près de l'autre, dans la plénitude des temps
esthétiques, pour que celui qui avait reçu

le don de la beauté sereine et parfaite fût un abri salutaire contre les splendeurs éblouissantes révélées au chantre des Apocalypses.

Une analyse détaillée des innombrables chefs-d'œuvre qui se trouvent à Rome sortirait des bornes de ces Mémoires où j'ai voulu surtout retracer les circonstances principales de ma jeunesse et de ma carrière artistique...

Ce fut dans l'hiver de 1840-41 que j'eus, pour la première fois, l'occasion de voir et d'entendre Pauline Garcia, sœur de la Malibran, et qui venait d'épouser Louis Viardot, alors directeur du Théâtre-Italien à Paris. Elle n'avait pas encore dix-huit ans, et ses débuts au Théâtre-Italien avaient été un événement. Elle faisait son voyage de noces avec son mari, et j'eus l'honneur et le plaisir de lui accompagner, dans le salon de

l'Académie, l'air célèbre et immortel de
Robin des Bois. Je fus émerveillé du talent
déjà si majestueux de cette enfant qui annonçait et qui devait être, un jour, une femme
illustre. Je ne la revis qu'au bout de dix
ans. — Chose curieuse ! à douze ans, j'avais
entendu la Malibran dans l'*Otello* de Rossini, et j'avais emporté de cette audition
le rêve de me consacrer à l'art musical ;
à vingt-deux ans, je faisais la connaissance
de sa sœur, madame Viardot, pour qui je
devais, à trente-deux ans, écrire le rôle de
Sapho, qu'elle créa, en 1851, sur la scène
de l'Opéra, avec une si éclatante supério-
rité.

Le même hiver, j'eus le bonheur de faire
la connaissance de Fanny Henzel, sœur de
Mendelssohn. Elle passait l'hiver à Rome
avec son mari, peintre du roi de Prusse,
et son fils qui était encore enfant. Madame
Henzel était une musicienne hors ligne,

pianiste remarquable, femme d'un esprit supérieur, petite, fluette, mais d'une énergie
qui se devinait dans ses yeux profonds et
dans son regard plein de feu. Elle était douée
de facultés rares comme compositeur, et
c'est à elle que sont dues plusieurs mélodies
sans paroles publiées dans l'œuvre de piano
et sous le nom de son frère. M. et madame Henzel venaien souvent aux soirées
du dimanche, à l'Académie; madame Henzel
se mettait au piano avec cette bonne grâce
et cette simplicité des gens qui font de la
musique parce qu'ils l'aiment, et, grâce à
son beau talent et à sa prodigieuse mémoire, je fus initié à une foule de chefs-
d'œuvre de la musique allemande qui
m'étaient, à cette époque, absolument inconnus; entre autres, quantité de morceaux de Sébastien Bach, sonates, fugues
et préludes, concertos, et nombre de compositions de Mendelssohn qui furent pour

moi autant de révélations d'un monde
ignoré. M. et madame Henzel quittèrent
Rome pour retourner à Berlin, où je devais
les revoir deux ans plus tard.

Avant de quitter l'Académie, M. Ingres
voulut me laisser un souvenir qui m'est
doublement précieux comme gage de son
affection et comme relique de son talent;
il fit mon portrait au crayon, et me repré-
senta assis au piano et ayant devant moi
le *Don Juan* de Mozart.

Je sentis profondément le vide qu'allait
me faire son départ et combien me man-
querait cette salutaire influence d'un maître
dont la foi était si vive, l'ardeur si commu-
nicative et la doctrine si sûre et si élevée.
Il y a, dans les arts, autre chose que le
savoir technique, l'habileté spéciale, la connaissance et la possession. même parfaites,
des procédés : tout cela est bien et même

absolument nécessaire ; mais tout cela ne constitue que les matériaux de l'artiste, l'enveloppe et le corps d'un art particulier et déterminé. Dans tous les arts, il y a quelque chose qui n'appartient exclusivement à aucun et qui est commun à tous, au-dessus de tous, et sans quoi ils ne sont plus que de simples métiers ; ce quelque chose, qui ne se voit pas, mais qui est l'âme et la vie, c'est l'Art.

L'Art est une des trois grandes transformations que subissent les réalités au contact de l'esprit humain, selon qu'il les considère à la lumière idéale et souveraine de l'un des trois grands aspects du Bien, du Vrai ou du Beau. L'Art n'est pas plus un rêve pur qu'il n'est une pure copie ; il n'est ni l'Idéal seul ni le Réel seul ; il est, ainsi que l'homme lui-même, la rencontre, l'union des deux. Il est l'unité dans la dualité. Par l'Idéal seul, il est au-dessus de

nous ; par le Réel seul, il reste au-dessous,
La Morale est l'humanisation, l'incarna-
tion du Bien ; la Science est celle du Vrai;
l'Art est celle du Beau.

C'est à cet apostolat du Beau qu'appartenait M. Ingres ; c'est là qu'était sa
vie ; on le sentait dans ses discours autant
que dans ses œuvres, et plus encore, peut-
être, que dans ses œuvres, tant les hommes
de *foi* sont des hommes de *désirs*, et tant
l'effort de l'aspiration les emporte au delà
du chemin parcouru. De cette hauteur,
il répandait sur un musicien autant de
lumière que sur un peintre, et révélait à
tous le foyer commun des vérités supérieures. En me faisant comprendre ce que
c'est que l'Art, il m'en a plus appris sur
mon art propre que n'auraient pu le faire
quantité de maîtres purement techniques.

Quelque peu que j'eusse recueilli de ce
précieux contact, ce peu avait suffi pour

laisser en moi une empreinte qui ne devait plus s'effacer et un souvenir qui allait me tenir lieu de présence réelle.

Au mois d'avril 1841, M. Ingres fut remplacé par M. Schnetz, peintre renommé, qui devait principalement son succès et sa popularité à des qualités de sentiment et d'expression. M. Schnetz était un homme aimable, affectueux, plein d'esprit naturel, très cordial avec les pensionnaires, très gai, et d'une physionomie très douce et très bienveillante, en dépit d'une charmille épaisse de sourcils noirs qui venait rejoindre une chevelure abondante couvrant le front presque entier, M. Schnetz était, par-dessus tout, le type de ce qu'on appelle un *bon enfant*.

Je passai sous sa direction ma seconde et dernière année de séjour à Rome. M. Schnetz avait pour Rome une prédilection que les circonstances ont particulièrement favorisée. Trois fois il a été directeur de l'Académie de France, où il a laissé les meilleurs souvenirs.

Mon temps de résidence à Rome allait expirer avec l'année 1841 ; mais je ne me sentais pas la force de partir, et je prolongeai mon séjour, avec le consentement du directeur; je restai à l'Académie près de cinq mois au delà de mon temps réglementaire, et ne partis qu'à la dernière extrémité, n'ayant plus que les ressources strictement nécessaires pour me rendre à Vienne, où je devais toucher le premier semestre de ma troisième année de pension.

Je n'essaierai pas de décrire mon chagrin lorsqu'il fallut dire adieu à cette Académie, à ces chers camarades, à cette Rome où je sentais que j'avais pris racine. Mes camarades me firent la conduite jusqu'à Ponte-Molle (Pons Milvius), et, après les avoir embrassés, je montai dans le voiturin qui devait m'arracher, c'est bien le mot, à ces deux chères années de Terre Promise. Si, du moins, lj'avais dû venir directement retrouver ma pauvre mère et mon excellent frère, le départ m'aurait moins coûté; mais j'allais me trouver seul dans un pays où je ne connaissais personne, dont j'ignorais la langue, et cette perspective ne laissait pas de me paraître bien froide et bien sombre. Tant que la route le permit, mes yeux demeurèrent attachés sur la coupole de Saint-Pierre, ce sommet de Rome et ce centre du monde : puis les collines me la dérobèrent tout à fait. Je tombai dans une rêverie profonde et je pleurai comme un enfant.

III

L'ALLEMAGNE

Quittant Rome pour me rendre en Allemagne, j'avais ma route tracée tout naturellement par Florence et le nord de l'Italie, en inclinant sur la droite par Ferrare, Padoue, Venise et Trieste.

Je m'arrêtai à Florence, dont je n'entreprendrai pas de dresser l'inventaire. Florence est, ainsi que Rome, une ville inépuisable sous le rapport des œuvres d'art. Les *Uffizi*, avec leur admirable tribune

(une vraie châsse de reliques du beau), le musée Pitti, l'Académie, les églises, les couvents regorgent de chefs-d'œuvre. Mais là encore, dans cette délicieuse ville de Florence, le sceptre est dans la main de Michel-Ange, qui domine tout du haut de cette merveilleuse et saisissante Chapelle des Médicis. Là, comme à Rome, son génie a laissé sa trace unique, souveraine, incomparable.

Partout où on le rencontre, Michel-Ange impose le recueillement : dès qu'il parle, on sent qu'il faut se taire ; et cette suprême autorité du silence, il ne l'a peut-être exercée nulle part avec plus d'empire que dans cette crypte redoutable de la Chapelle des Médicis. Quelle prodigieuse conception que celle de ce *Pensieroso*, sentinelle muette qui semble veiller sur la mort et attendre, immobile, le clairon du Jugement ! Quel repos et quelle souplesse dans cette figure de la Nuit, ou plutôt de la Paix du sommeil, qui fait pendant à la robuste figure du Jour étendu et comme enchaîné jusqu'à l'aurore du dernier des jours ! C'est par le sens profond, par l'attitude à la fois idéale et si naturelle, que Michel-Ange s'élève partout à cette intensité d'expression qui est le caractère propre de sa puissante individualité. L'ampleur de sa forme est comme le lit creusé par le fleuve majestueux de la pensée, et c'est ce qui condamne forcément à l'emphase et à la boursouflure toute imitation d'une enveloppe que son génie seul pouvait absoudre parce que seul il pouvait la remplir et la vivifier.

Mais je suis en route pour l'Allemagne, où le temps et l'argent me pressent d'arriver : il faut glisser rapidement sur Florence et sur les beaux souvenirs que j'en emporte. Je traverse Ferrare la déserte ; je m'arrête à Padoue un jour ou deux pour y visiter les belles fresques de Giotto et de Mantegna.

Mon séjour en Italie m'avait fait connaître les trois grandes villes qui sont les principaux foyers d'art de cette terre privilégiée : Rome, Florence et Naples ; Rome, la ville de l'âme ; Florence, la ville de l'esprit ; Naples, la ville du charme et de la lumière, de l'ivresse et de l'éblouissement. Il me restait à en connaître une quatrième, qui a tenu, elle aussi, une place immense et glorieuse dans l'histoire des arts, et à laquelle sa situation géographique a fait une physionomie exceptionnelle et unique au monde, Venise.

Venise, joyeuse et triste, lumineuse et sombre, rose et livide, coquette et sinistre, contraste permanent, assemblage étrange des impressions les plus opposées : une perle dans une sentine.

Venise est une enchanteresse. C'est la
patrie des maîtres rayonnants : elle a en-
soleillé la peinture.

Au rebours de Rome, qui vous attend,
vous sollicite lentement et vous conquiert
invinciblement et pour toujours, Venise
vous saisit par les sens et vous fascine à
l'instant même. Rome, c'est la sereine et
la pacifiante ; Venise, c'est la capiteuse et
l'inquiétante : l'ivresse qu'elle procure est
mêlée (du moins l'a-t-elle été pour moi)
d'une mélancolie indéfinissable comme
serait le sentiment d'une captivité. Est-ce le
souvenir des drames sombres dont elle a été
le théâtre et auxquels sa situation même
semble l'avoir prédestinée ? Cela peut être ;
toujours est-il qu'un long séjour dans cette
sorte de nécropole amphibie ne me paraît
pas possible sans qu'on finisse par s'y
sentir asphyxié et comme englouti par le
spleen. Ces eaux dormantes dont le morne

silence baigne le pied de tous les vieux palais, cette ombre lugubre du fond de laquelle on croit entendre sortir les gémissements de quelque victime illustre, font de Venise une espèce de capitale de la Terreur : elle a gardé l'impression du Sinistre. Et pourtant, par un beau soleil, quelle magie que ce Grand Canal ! Quel miroitement que ces lagunes où le flot se transforme en lumière ! Quelle puissance d'éclat dans ces vieux restes d'une ancienne splendeur qui semblent se disputer les faveurs de leur ciel et leur demander secours contre l'abîme dans lequel ils s'enfoncent chaque jour davantage pour disparaître enfin à jamais !

Rome est un recueillement ; Venise est une intoxication. Rome est la grande ancêtre latine qui, par la canalisation de la conquête, répandra sur le monde la catholicité du langage, prélude et moyen d'une catho-

licité plus vaste et plus profonde; Venise est
une orientale, non grecque mais byzantine :
on y songe aux satrapes plus qu'aux pon-
tifes, au luxe de l'Asie plus qu'aux solen-
nités d'Athènes ou de Rome.

Il n'y a pas jusqu'à cette merveille de
l'église Saint-Marc qui ne tienne plutôt
d'une mosquée que d'une basilique ou
d'une cathédrale, et qui ne s'adresse à
l'imagination plus encore qu'au sentiment
et à l'âme. La magnificence de ces mo-
saïques et de cet or dont le chatoiement
sombre ruisselle du haut de la coupole
jusqu'à la base est quelque chose d'absolument unique au monde. Je ne sais rien
de comparable comme vigueur de ton et
puissance d'effet.

Venise est une passion; ce n'est pas un
amour. Je fus séduit en y entrant; lorsque
je la quittai, je n'éprouvai pas ce déchire-
ment que j'avais ressenti en me séparant

de Rome, et qui est le signe et la mesure des attaches et des racines.

Naples est un sourire de la Grèce : ses horizons noyés dans la pourpre et dans l'azur, son ciel bleu se reflétant dans des flots de saphir, tout, jusqu'à son ancien nom de Parthénope, tout vous replonge dans cette civilisation brillante à laquelle la nature avait préparé un cadre enchanteur. Tout autre est le sourire de Venise, à la fois caressant et perfide : c'est une fête au-dessus d'une oubliette. C'est pour cela, sans doute, que, sans m'en rendre compte, j'eus plutôt, en la quittant, l'impression d'une délivrance que celle d'un regret, malgré les chefs-d'œuvre qu'elle renferme et la magie dont elle est enveloppée.

Le bateau à vapeur me conduit à Trieste, où je monte immédiatement en diligence pour Graetz. En route, je visite les curieuses

et superbes grottes de stalactites d'Adel-
berg, véritables cathédrales souterraines.
Je traverse les montagnes de Carinthie
dont je dessine, chemin faisant, la silhouette
dentelée. J'arrive à Graetz, puis à Olmutz,
d'où le chemin de fer me conduit jusqu'à
Vienne, ma première étape dans cette Allemagne que je ne songeais qu'à traverser le
plus vite possible pour abréger l'exil qui
m'éloignait de la maison maternelle.

Vienne est une ville animée. La population y est presque plus française qu'allemande par sa vivacité de caractère : elle a
de l'entrain, de la bonhomie, de la gaieté.

Je n'avais pour Vienne aucune lettre de
recommandation; je n'y connaissais âme
qui vive. Je me logeai provisoirement à
l'hôtel, sauf à chercher le plus tôt possible
une installation plus tranquille et moins
coûteuse dans cette ville où j'allais passer
des mois et où il fallait proportionner mon

train de vie à mes ressources : un compagnon de voyage m'avait conseillé de me loger, si je le pouvais, dans une maison particulière, en pension bourgeoise. L'occasion s'offrit bientôt de mettre cet avis en pratique.

Pour rien au monde je n'aurais voulu que ma mère se privât pour engraisser mon petit pécule ; d'ailleurs, eussé-je eu la moindre velléité d'une dépense inutile, que l'exemple d'une vie laborieuse comme la sienne eût suffi pour m'en ôter la tentation. Mon logement, ma nourriture et le théâtre où m'appelait nécessairement l'étude de mon art, c'était là tout mon budget, et, avec de l'ordre, le montant de ma pension pouvait y suffire.

Le premier ouvrage que je vis sur les affiches de l'Opéra de Vienne fut *la Flûte enchantée* de Mozart. J'y courus avec empressement, et pris un billet des places les

moins chères, tout en haut de la salle.
Pour modeste que fût ma place, je ne l'aurais pas donnée pour un empire.

C'était la première fois que j'entendais
cette adorable partition de *la Flûte enchantée*. Je fus ravi. L'exécution fut excellente.
C'était Otto Nicolaï qui dirigeait l'orchestre.
Le rôle de la Reine de la nuit était supérieurement tenu par une cantatrice d'un
très grand talent, madame Hasselt-Barth ;
celui du grand-prêtre Sarastro était chanté
par un artiste d'une grande réputation,
doué d'une voix admirable qu'il conduisait
avec une grande méthode et un grand
style : c'était Staudigl. Les autres rôles
étaient tous tenus avec un très grand soin,
et je me rappelle encore les charmantes
voix des trois garçons qui remplissaient
les rôles des trois génies.

Je fis passer au directeur ma carte de
pensionnaire, et demandai si je pouvais le

voir. Il m'envoya chercher, et je fus conduit vers lui sur le théâtre où il me présenta aux artistes, avec qui je me trouvai, dès lors, en relations assez suivies. Comme je ne savais pas un traître mot d'allemand et que la plupart d'entre eux ne parlaient guère mieux français, les premiers temps furent assez durs.

Par bonheur, je rencontrai sur la scène un des artistes de l'orchestre auquel Nicolaï me présenta également, et qui parlait français : il se nommait Lévy et était premier corniste, — père de Richard Lévy, qui était alors un enfant de quatorze ans, et qui a tenu depuis à l'Opéra de Vienne l'emploi de son père. — Il me fit charmant accueil et m'invita à venir le voir. En peu de temps, nous devînmes très bons amis. Il y avait dans la maison trois autres enfants : l'aîné, Carl Lévy, était pianiste de beaucoup de talent et compositeur distingué ; le second, Gustave, est aujourd'hui éditeur de musique à Vienne, et la fille, Mélanie, charmante personne, avait épousé le harpiste Parish Alwars.

Ce fut à lui que je dus d'entrer en relations, au bout de quelques semaines de séjour, avec le comte Stockhammer, l'un des hommes qui m'aient été le plus utiles à Vienne. Le comte Stockhammer était président de la Société philharmonique. Lévy, à qui j'avais fait entendre ma messe de Rome, me conduisit chez lui, et lui parla de ma messe en termes très favorables. Le comte m'offrit, avec un bienveillant empressement, de la faire exécuter, dans l'église Saint-Charles, par les solistes, les chœurs et l'orchestre de la société[1]. Le jour choisi fut le 14 septembre. On parut assez content de mon ouvrage, et le comte

1. Voir plus loin, p. 231, une lettre de Gounod à Lefuel, en date du 21 août 1842.

Stockhammer m'en donna sur-le-champ la preuve en me demandant une messe de requiem, — soli, chœurs et orchestre, — pour être exécutée dans la même église, le 2 novembre, fête de la Commémoration des morts.

Je n'avais que six semaines devant moi. Il était impossible d'être prêt pour l'époque indiquée, à moins de travailler jour et nuit, sans trêve ni relâche. J'acceptai avec joie et ne perdis pas un instant. Le requiem fut achevé en temps voulu. Une seule répétition fut suffisante pour que tout marchât à merveille, grâce à une généralité d'éducation musicale qu'on ne trouve qu'en Allemagne et qui est bien agréable à rencontrer. Je fus surtout émerveillé de la facilité avec laquelle les garçons des écoles déchiffraient à première vue : ils lisaient tous la musique aussi couramment que si c'eût été leur langue maternelle. Aussi l'exécution

des chœurs fut-elle parfaite. J'avais, parmi
les solistes, une voix de basse superbe :
c'était Draxler, qui était alors tout jeune et
partageait avec Staudigl l'emploi de première basse au théâtre. Depuis lors, Staudigl
est mort fou, dit-on ; et Draxler, qui l'a
remplacé, était encore au théâtre vingt-cinq
ans après, en 1868, lorsque je retournai à
Vienne pour y faire représenter mon opéra
de *Roméo et Juliette.*

Quelque temps avant l'exécution de mon
requiem, Nicolaï m'avait mis en relation
avec un compositeur éminent nommé
Becker, qui s'adonnait exclusivement à la
musique de chambre ; chez lui se réunissait,
toutes les semaines, un quatuor dont le
premier violon, Holz, avait intimement
connu Beethoven, circonstance qui, en
dehors de son talent, rendait sa fréquentation très intéressante. Becker était, en outre,
le critique musical le plus accrédité peut-

être à cette époque dans toute l'Allemagne.
Il vint entendre mon requiem et en fit un
compte rendu très élogieux, qui, pour un
jeune homme de mon âge, était fort en-
courageant. Il disait, que cette œuvre,
« tout en étant celle d'un jeune artiste qui
cherchait encore sa voie et son style, révélait une grandeur de conception devenue
très rare de son temps ».

Ce grand travail que j'avais accompli en
si peu de semaines m'avait tellement fati-
gué que je tombai malade d'une angine
très grave, avec abcès à la gorge. Ne voulant
pas inquiéter ma mère, je ne donnai de nouvelles véridiques et confidentielles qu'à mes
excellents amis Desgoffe, qui étaient à Paris.
Dès qu'il me sut malade à Vienne, Desgoffe
ne balança pas un instant : il quitta sa femme,
sa fille, laissa de côté les tableaux qu'il préparait pour le Salon, et partit pour venir
s'installer auprès de moi et me soigner.

On mettait, à cette époque, environ cinq ou six jours pour aller de Paris à Vienne ; nous étions en plein hiver, au mois de décembre, et ce trajet, déjà bien pénible dans une telle saison, le devint plus encore par suite d'une indisposition grave que mon pauvre ami avait contractée en route. Il arriva donc à Vienne ayant besoin lui-même de se soigner. Il n'en passa pas moins vingt-deux jours auprès de mon lit, dormant d'un œil sur un matelas par terre, épiant, avec la sollicitude d'une mère, le moindre de mes mouvements, et ne me quitta, pour retourner à Paris, que quand le médecin l'eut rassuré sur ma parfaite convalescence.

De telles amitiés ne se rencontrent pas souvent, et, sous ce rapport, la Providence m'a comblé.

Cependant le succès de mon requiem était venu modifier tous mes plans de séjour en Allemagne en me faisant prolonger ma résidence à Vienne. Le comte Stockhammer me fit, au nom de la Société philharmonique, une nouvelle commande. Il s'agissait d'écrire une messe vocale, sans accompagnement, destinée à être exécutée, pendant le carême, dans cette même église de Saint Charles, — mon patron. — Je n'eus garde de laisser échapper cette nouvelle occasion de m'exercer d'abord, puis de m'entendre, chose si rare et si précieuse au début de la carrière. Ce fut mon second et mon dernier travail à Vienne, d'où je partis aussitôt après pour me rendre à Berlin par Prague et Dresde où je ne fis que passer. — Je voulus, cependant, ne pas quitter Dresde sans avoir visité l'admirable musée où se trouvent, entre autres chefs-d'œuvre, la célèbre Vierge d'Holbein, et la merveilleuse Madone dite de Saint-Sixte, due au pinceau de Raphaël.

A mon arrivée à Berlin, je m'empressai d'aller voir madame Henzel, ainsi qu'elle m'avait engagé à le faire ; mais, au bout de trois semaines environ, je tombai de nouveau gravement malade d'une inflammation d'intestins, au moment même où je venais d'écrire à ma mère que je me disposais à partir et que j'allais enfin la revoir après une séparation de trois ans et demi.

Madame Henzel m'envoya aussitôt son médecin auquel je posai l'ultimatum suivant :

— Monsieur, j'ai à Paris une mère qui attend mon retour et qui, maintenant, compte les heures : si elle me sait retenu loin d'elle par la maladie, elle va partir et est capable d'endevenir folle en route. Elle est âgée. Il faut que je lui donne un motif de mon retard, mais ce ne peut être qu'à bref délai. Quinze jours, c'est tout ce que je puis vous donner pour me mettre en terre ou me remettre sur pied.

— C'est bien, me dit le docteur ; si vous êtes résolu à suivre mes prescriptions, dans quinze jours vous partirez.

Il tint parole : le quatorzième jour, j'étais hors d'affaire, et quarante-huit heures après, je partais pour Leipzig, où résidait Mendelssohn pour qui sa sœur, madame Henzel, m'avait donné une lettre d'introduction.

Mendelssohn me reçut admirablement. J'emploie ce mot à dessein pour qualifier la condescendance avec laquelle un homme de cette valeur accueillait un enfant qui ne pouvait être à ses yeux qu'un écolier. Pendant les quatre jours que je passai à Leipzig, je puis dire que Mendelssohn ne s'occupa que de moi. Il me questionna sur mes études et sur mes travaux avec le plus vif et le plus sincère intérêt ; il voulut entendre au piano mes derniers essais, et je reçus de lui les paroles les plus pré-

cieuses d'approbation et d'encouragement.
Je n'en mentionnerai qu'une seule, dont
j'ai été trop fier pour jamais l'oublier. Je
venais de lui faire entendre le *Dies iræ* de
mon requiem de Vienne. Il mit la main
sur un morceau à cinq voix seules, sans
accompagnement, et me dit :

— Mon ami, ce morceau-là pourrait
être signé Cherubini !

Ce sont de véritables décorations que de
semblables paroles venant d'un tel maître,
et on les porte avec plus d'orgueil que bien
des rubans.

Mendelssohn était directeur de la Société
philharmonique *Gewandhaus*. Cette Société
ne se réunissait pas à cette époque, la saison
des concerts étant passée ; il eut la délicate
prévenance de la convoquer pour moi et
me fit entendre sa belle symphonie dite
« Écossaise » en *la* mineur, de la partition
de laquelle il me fit présent avec un mot de

souvenir amical écrit de sa main. — Hélas !
la mort prématurée de ce beau et charmant
génie devait bientôt faire pour moi de ce souvenir une véritable et précieuse relique !...
Et cette mort elle-même suivait, au bout de
six mois, celle de la charmante sœur à qui
je devais d'avoir connu son frère !

Mendelssohn ne borna pas ses attentions
à cette convocation de la Société philharmonique. Il était organiste de premier
ordre, et voulut me faire connaître plusieurs des nombreuses et admirables compositions que le grand Sébastien Bach a
écrites pour l'instrument sur lequel il régna
en souverain. Il fit, à cette intention, visiter
et remettre en état le vieil orgue de Saint-
Thomas que Bach lui-même avait joué
jadis, et là, pendant plus de deux heures,
me révéla des merveilles que je ne soup-
çonnais pas ; puis, pour mettre le comble à
ses gracieusetés, il me fit cadeau d'un re-

cueil de motets de ce Bach pour lequel il avait une religieuse vénération, à l'école duquel il avait été formé dès son enfance, et dont, à l'âge de quatorze ans, il dirigeait et accompagnait par cœur le grand oratorio de la *Passion selon Saint Mathieu.*

Telle fut pour moi l'obligeance parfaite de cet homme charmant, de ce grand artiste, de cet immense musicien, enlevé, dans la fleur de l'âge, — trente-huit ans, — à l'admiration qu'il avait conquise et aux chefs-d'œuvre que lui eût réservés l'avenir. Étrange destinée du génie, même le plus aimable ! ces œuvres exquises qui font aujourd'hui les délices des abonnés du Conservatoire, il a fallu la mort de celui qui les avait écrites pour leur faire trouver grâce devant les mêmes oreilles qui les avaient autrefois repoussées.

Après avoir vu Mendelssohn, je n'avais

plus qu'un souci : revenir le plus tôt possible à Paris et retrouver ma pauvre chère mère. Je partis donc de Leipzig le 18 mai 1843 ; je changeai de voiture dix-sept fois en route : sur six nuits, j'en passai quatre en voyage ; et enfin, le 25 mai, j'arrivais à Paris, où allait commencer pour moi une vie nouvelle. Mon frère m'attendait à l'arrivée de la diligence, et tous deux nous prenions le chemin de cette chère maison où j'allais retrouver et rapporter tant de joie.

IV

LE RETOUR

Soit que ces trois ans et demi d'absence
m'eussent beaucoup changé, soit que ma
dernière et encore récente maladie jointe à
la fatigue du voyage eût terriblement altéré
mes traits, lorsque ma mère me revit elle
ne me reconnut pas. J'avais, il est vrai,
une ébauche de barbe, mais si peu qu'on
en aurait, je crois, même compté les rudi-
ments.

Ma mère avait, pendant mon absence,

quitté la rue de l'Éperon, et elle était venue s'installer rue Vaneau, sur la paroisse dite des Missions étrangères, dont l'église fait le coin de la rue du Bac et de la rue de Baby- lone, et où m'attendait le nouveau poste que j'allais occuper pendant plusieurs années.

Le curé de ladite paroisse, l'abbé Du marsais, avait été autrefois mon aumônier au lycée Saint-Louis. Il avait succédé, dans la cure des Missions, à l'abbé Lecourtier. Pendant mon séjour à l'Académie de France à Rome, l'abbé Dumarsais m'avait écrit pour me demander d'être, à mon retour à Paris, organiste et maître de chapelle de sa paroisse. J'avais accepté mais en posant mes conditions. J'entendais ne recevoir d'avis, encore moins d'ordres, ni du curé, ni de la fabrique, ni de qui que ce fût. J'avais mes idées, mon sentiment, mes convictions : en un mot, je serais le « curé de la musique »; sinon, non. C'était radical. Mes conditions avaient été acceptées ; cela ne devait pas faire un pli. Mais les habitudes sont tenaces. Le régime musical auquel mon prédécesseur avait accoutumé ces bons paroissiens était tout l'opposé des tendances que je rapportais de Rome et d'Allemagne. Palestrina et Bach étaient mes dieux, et je venais brûler ce qu'on avait adoré jusqu'ici.

Les ressources dont je disposais étaient à peu près nulles. En dehors de l'orgue, très médiocre et très limité, j'avais un personnel chantant qui se composait de deux basses, un ténor, un enfant de chœur ; puis moi, qui remplissais à la fois les fonctions de maître de chapelle, d'organiste, de chanteur et de compositeur. Je travaillai donc en raison et en vue de ce maigre budget, et ce fut un bien que cette nécessité où je me trouvais de tirer le meilleur parti possible de moyens si restreints.

Les choses n'allèrent pas mal tout d'abord, mais, à une sorte de réserve et de froideur, je devinai que je n'étais pas absolument dans les bonnes grâces de mon auditoire. Je ne me trompais pas. Vers la fin de ma première année, mon curé me fit appeler et me confia qu'il avait à subir les plaintes et les récriminations de ses paroissiens, Monsieur tel, et madame telle, qui ne trouvaient pas que le service musical fût le moins du monde jovial et divertissant. Le curé m'invita donc à « modifier mon genre » et à « faire des concessions ».

— Monsieur le curé, lui répondis-je, vous savez quel est notre contrat ! Je ne viens pas consulter vos paroissiens ; je viens tâcher de les édifier. Si *mon genre* ne leur convient pas, la situation est bien simple : je me retire, vous rappelez mon prédécesseur, et tout le monde est content. C'est à prendre ou à laisser.

— Eh bien ! me dit le curé, c'est très bien ; c'est entendu, j'accepte votre démission.

Et là-dessus, nous nous quittons les meilleurs amis du monde.

Je n'étais pas rentré chez moi depuis une demi-heure que le domestique du curé sonnait à ma porte.

— Eh bien ! Jean, qu'y a-t-il ?

— Monsieur, c'est M. le curé qui voudrait vous parler.

— Ah !... C'est bien, Jean, dites que j'y vais.

J'arrive chez le curé, qui reprend la conversation en me disant :

— Voyons, voyons, mon cher enfant, vous avez jeté le manche après la cognée, tout à l'heure ; est-ce qu'il n'y a pas moyen de s'entendre ? Examinons la question avec calme. Vous êtes parti là comme la poudre !...

— Monsieur le curé, c'est inutile de recommencer cette discusion ; je maintiens tout ce que j'ai dit. S'il me faut essuyer les objections du tiers et du quart, il n'y a pas moyen de rien faire ; ou bien je reste avec une indépendance complète, ou bien je m'en vais : ce sont là nos conventions, vous le savez, et je n'en rabattrai rien.

— Ah ! mon Dieu, dit-il, quel terrible homme vous faites !

Puis, après une pause :

— Eh bien, allons, restez.

Et à partir de ce jour, il ne m'en reparla plus et me laissa la plus parfaite liberté d'action. Depuis lors, mes opposants les plus déterminés devinrent peu à peu mes plus chauds partisans, et mes petits appointements se ressentirent, par suite, de ce progrès dans la sympathie de mes auditeurs. J'étais entré à douze cents francs par an : ce n'était guère ; la seconde année, on m'accorda une augmentation de trois cents francs ; la troisième, j'eus dix-huit cents francs, et la quatrième deux mille cent. — Mais je ne veux pas anticiper sur l'ordre des événements.

Ma mère et moi, nous habitions la même maison que le curé. Dans cette maison logeait aussi un ecclésiastique, de trois ans plus âgé que moi, et qui avait été un de mes camarades au lycée Saint-Louis. C'était l'abbé Charles Gay. La distance d'âge et de classe qui nous séparait au lycée nous eût sans doute laissés parfaitement étrangers ou, du moins, indifférents l'un à l'autre, si un élément commun ne nous eût pas rapprochés. Cet élément fut la musique. Charles Gay, qui avait alors quatorze ans, avait de grandes aptitudes musicales, et chantait, dans les chœurs, la partie de second dessus. Il était, en outre, un des élèves les plus brillants du collège. Il termina ses études, et je restai trois ans environ sans le revoir. Je le retrouvai au foyer de l'Opéra, un soir où l'on jouait *la Juive*. Je le reconnus et j'allai droit à lui.

— Comment! me dit-il, c'est toi! Et qu'est-ce que tu deviens?

— Mais je m'occupe de composition.

— Vraiment? dit-il. Moi aussi. Et avec qui travailles-tu?

— Avec Reicha.

— Tiens! moi aussi. Oh! mais c'est charmant; il faudra nous revoir.

C'est ainsi que se renoua cette amitié qui avait commencé au collège et qui est restée l'une des plus chères affections de ma vie.

J'étais en admiration devant cet ami en qui je reconnaissais une organisation d'élite et des facultés bien supérieures aux

miennes. Ses compositions me semblaient
révéler un homme de génie, et j'enviais
l'avenir auquel il me paraissait appelé.
J'allais souvent passer la soirée chez lui,
où l'on faisait beaucoup de musique. Sa
sœur était excellente pianiste, et j'entendais là (outre ses propres compositions
qu'on y essayait entre invités intimes) des
trios de Mozart et de Beethoven.

Un jour, je reçus de mon ami, qui était
à la campagne, un mot par lequel il me
priait de venir le voir, me disant qu'il
avait à me faire part d'une nouvelle qui
m'intéresserait. Je crus qu'il s'agissait d'un
mariage. Lorsque j'arrivai chez lui, il
m'annonça qu'il voulait se faire prêtre. Je
m'expliquai alors le sens des in-folio et
autres gros livres dont, depuis quelque
temps déjà, j'avais remarqué que sa table
était chargée. J'étais trop jeune pour comprendre un tel revirement, et je le plai-

gnais d'une préférence qui lui faisait sacri-
fier un si bel avenir pour un sort qui me
paraissait si peu digne d'envie.

Sur ces entrefaites, il résolut d'aller
passer quelque temps à Rome pour y commencer ses études théologiques. Je venais
alors de remporter le grand prix qui allait
m'envoyer moi-même à Rome pour deux
ans, et ce fut ainsi que j'y retrouvai mon
ami, dont l'arrivée avait précédé de trois
mois la mienne. A mon retour d'Allemagne, les circonstances nous rappro-
chaient encore en nous faisant habiter à
Paris sous le même toit. Prêtre aujourd'hui
depuis trente ans, vicaire général de son
intime ami l'évêque de Poitiers, l'abbé Gay[1]
est devenu par ses vertus et ses talents
d'orateur et d'écrivain un des membres les
plus éminents du clergé de France.

---

1. L'abbé Gay, depuis, est devenu lui-même évêque de
Poitiers.

Vers la troisième année de mes fonctions de maître de chapelle, je me sentis une velléité d'adopter la vie ecclésiastique. A mes occupations musicales j'avais ajouté quelques études de philosophie et de théologie, et je suivis même pendant tout un hiver, sous l'habit ecclésiastique, les cours de théologie du séminaire de Saint-Sulpice.

Mais je m'étais étrangement mépris sur ma propre nature et sur ma vraie vocation. Je sentis, au bout de quelque temps, qu'il me serait impossible de vivre sans mon art, et, quittant l'habit pour lequel je n'étais pas fait, je rentrai dans le monde. Je dois cependant à cette période de ma jeunesse une amitié dont je tiens à honneur d'associer la mention à cette histoire de ma vie.

L'abbé Dumarsais, l'abbé Gay et moi, nous avions été envoyés, pendant l'été de

1846, aux bains de mer de Trouville pour notre santé. Je faillis un jour m'y noyer, et la presse s'empara si vite de cet incident que la nouvelle en était publiée le lendemain même dans des journaux de Paris, pendant que, de son côté, mon frère que j'avais heureusement informé de suite du danger auquel j'avais échappé, rassurait ma mère en lui apportant ma lettre qu'il venait de recevoir. On annonçait sans façon que « j'avais été rapporté mort sur une civière » ! La vérité a bien de la peine à courir aussi vite que le mensonge.

Or, dans le courant de notre saison de bains, nous rencontrâmes sur la plage un excellent abbé qui se promenait avec un jeune garçon dont il était le précepteur. Cet enfant de douze à treize ans se nommait Gaston de Beaucourt. Sa mère, la comtesse de Beaucourt, possédait une fort belle propriété à quelques lieues de Trouville, entre Pont-l'Évêque et Lisieux. Elle nous engagea, de la façon la plus courtoise et la plus gracieuse, à nous y arrêter avant de retourner à Paris.

Ce cher et charmant enfant, qui est aujourd'hui un homme de quarante-trois ans et le meilleur des hommes, est devenu un ami de toute ma vie : je dois à son affection si sûre, si solide et si tendre, non seulement les joies que peut donner par elle-même une aussi parfaite amitié, mais les preuves du dévouement le plus complet et le plus résolu.

La révolution de Février 1848 venait d'éclater lorsque je quittai la maîtrise des Missions étrangères. J'avais rempli, pendant quatre ans et demi, des fonctions qui, tout en étant très utiles et très profitables à mes études musicales, avaient néanmoins l'inconvénient de me laisser végéter, au point de vue de ma carrière et de mon avenir, dans une situation sans issue. Pour un compositeur il n'y a guère qu'une route à suivre pour se faire un nom : c'est le théâtre.

Le théâtre est un lieu dans lequel on trouve chaque jour l'occasion et le moyen de parler au public : c'est une exposition quotidienne et permanente ouverte au musicien.

La musique religieuse et la symphonie sont assurément d'un ordre supérieur, absolument parlant, à la musique dramatique; mais les occasions et les moyens de s'y faire connaître sont exceptionnels et ne s'adressent qu'à un public intermittent, au lieu d'un public régulier comme celui du théâtre. Et puis quelle infinie variété dans le choix des sujets pour un auteur dramatique! Quel champ ouvert à la fantaisie, à l'imagination, à l'histoire! Le théâtre me tentait. J'avais alors près de trente ans, et j'étais impatient d'essayer mes forces sur ce nouveau champ de bataille. Mais il fallait un poème, et je ne connaissais personne à qui en demander un ; mais il fallait trouver un directeur qui voulût de moi et consentît à me confier un ouvrage : lequel y eût été disposé devant mes antécédents de musique religieuse et mon inexpérience de la scène ? Aucun : je me voyais dans une impasse.

Les circonstances placèrent sur mon chemin un homme qui me mit en lumière. Ce fut le violoniste Seghers, qui dirigeait, à cette époque, les concerts de la Société Sainte-Cécile, rue de la Chaussée-d'Antin. J'eus l'occasion de faire entendre, à ces concerts, quelques morceaux qui firent une bonne impression. Seghers connaissait la famille Viardot : Madame Viardot était alors dans tout l'éclat de son talent et de sa réputation : c'était en 1849, au moment où elle venait de créer, avec une autorité si magistrale, le rôle de **Fidès** dans le *Prophète*, de Meyerbeer. Madame Viardot m'accueillit avec la meilleure grâce et m'engagea à lui apporter plusieurs de mes compositions pour les lui faire entendre : je me rendis à son offre avec empressement. Je passai plusieurs heures au piano avec elle ; et, après m'avoir écouté avec le plus bienveillant intérêt, elle me dit :

— Mais, monsieur Gounod, pourquoi n'écrivez-vous pas un opéra?

— Eh ! madame, répondis-je, je ne demanderais pas mieux ; mais je n'ai pas de poème.

— Comment? vous ne connaissez personne qui puisse vous en faire un?

— Qui le puisse, mon Dieu, peut-être ; mais qui le veuille, c'est autre chose !... Je connais, ou plutôt j'ai connu jadis, dans mon enfance, Émile Augier, avec qui j'ai joué au cerceau dans le Luxembourg ; mais depuis, Augier est devenu célèbre ; moi, je n'ai pas de crédit, et le camarade d'enfance ne se souciera sans doute guère de refaire une partie autrement risquée qu'un tour de cerceau !

— Eh bien, me dit madame Viardot, allez trouver Augier, et dites-lui que je me charge de chanter le principal rôle de votre opéra s'il veut vous en écrire le poème !

On devine si je me le fis dire deux fois. Je courus chez Augier, qui accueillit ma proposition à bras ouverts.

— Madame Viardot ! s'écria-t-il, comment donc ! mais tout de suite !...

C'était Nestor Roqueplan qui se trouvait alors à la direction de l'Opéra. Sur la recommandation de madame Viardot, il consentait bien à m'abandonner une partie du spectacle, mais non la soirée entière.

Il fallait donc trouver un sujet qui réunît trois conditions essentielles : 1º être court ; 2º être sérieux ; 3º offrir un rôle de femme comme figure principale. Nous nous décidâmes pour *Sapho*. L'ouvrage ne pouvait être mis à l'étude que l'année suivante ; d'autre part, Augier avait à terminer une grande pièce dont il s'occupait en ce moment : c'était, je crois, *Diane* pour mademoiselle Rachel.

Enfin, je tenais une promesse et j'attendis à la fois avec impatience et tranquillité.

Un événement douloureux vint frapper notre famille au moment où j'allais me mettre au travail. C'était au mois d'avril 1850. Augier venait d'achever le poème de *Sapho*, lorsque mon frère tomba malade, le 2 avril. Le 3, je signais chez Roqueplan le traité par lequel je prenais l'engagement de lui livrer la partition de *Sapho* le

3o septembre au plus tard. J'avais six mois pour composer et écrire une œuvre en trois actes, mon début au théâtre. Dans la nuit du 6 avril, mon frère rendait le dernier soupir. C'était un coup affreux pour ma vieille mère et pour nous tous !

Mon frère laissait une veuve, mère d'un enfant de deux ans et d'un autre petit être qui devait venir au monde sept mois plus tard, au milieu des larmes, et dont la destinée était d'entrer dans la vie le 2 novembre, le jour même où l'Église pleure avec nous ceux que nous avons perdus. Cette situation amenait des difficultés et des complications d'existence auxquelles il fallut songer immédiatement. Les questions de tutelle des enfants, de succession du cabinet d'architecte de mon frère, dont la mort laissait une foule d'affaires en suspens, toutes les conséquences enfin d'un malheur aussi soudain et aussi imprévu réclamèrent pendant un mois ma participation directe au règlement des intérêts et aux arrangements de la vie de ma pauvre belle-sœur anéantie et inconsolable. De plus, ma malheureuse mère avait pensé perdre la raison sous le coup foudroyant qui venait de la frapper. Tout conspirait, en moi-même comme autour de moi, à me rendre incapable de me livrer au travail pour lequel j'avais déjà si peu de temps.

Au bout d'un mois cependant, je pus songer à m'occuper de mon ouvrage, qu'il était si urgent d'aborder. Madame Viardot, qui était à ce moment en Allemagne, en représentations, et que j'avais instruite du malheur qui venait de nous atteindre, m'écrivit sur-le-champ pour me presser de partir avec ma mère et d'aller nous installer dans une propriété qu'elle avait dans la Brie : là, je trouverais, me disait-elle, la solitude et la tranquillité dont j'avais besoin.

Je suivis son conseil, et nous partîmes, ma mère et moi, pour cette résidence où se trouvait la mère de madame Viardot (madame Garcia, la veuve du célèbre chanteur), en compagnie d'une sœur de M. Viardot et d'une jeune fille (l'aînée des enfants), aujourd'hui madame Héritte, remarquable musicienne compositeur. Je rencontrai là aussi un homme charmant, Ivan Tourgueneff, l'éminent écrivain russe, excellent et intime ami de la famille Viardot. Je me mis au travail dès mon arrivée. Chose étrange! il semble que les accents douloureux et pathétiques auraient dû être les premiers à remuer mes fibres si récemment ébranlées par de si cruelles émotions! Ce fut le contraire : les scènes lumineuses furent celles qui me saisirent et s'emparèrent de moi tout d'abord, comme si ma nature courbée par le chagrin et le deuil eût éprouvé le besoin de réagir et de res-

pirer après ces heures d'agonie et ces jours
de larmes et de sanglots.

Grâce au calme qui régnait autour de moi,
mon ouvrage avança plus rapidement que je
ne l'avais espéré. Après sa saison d'Allemagne, madame Viardot fut appelée par ses
engagements en Angleterre; elle en revint
au commencement de septembre, et trouva
mon travail presque terminé. Je m'empressai de lui faire entendre cette œuvre sur
laquelle j'attendais son impression avec
grande anxiété : elle s'en montra satisfaite
et, en quelques jours, elle fut si bien au courant de la partition qu'elle l'accompagnait
presque en entier par cœur sur le piano. C'est
peut-être le tour de force musical le plus extraordinaire dont j'aie jamais été le témoin,
et qui donne la mesure des étonnantes
facultés de cette prodigieuse musicienne.

Sapho fut représentée à l'Opéra, pour la

première fois, le 16 avril 1851. J'allais
donc avoir bientôt trente-deux ans. Ce ne
fut pas un succès ; et cependant ce début
me plaça dans une bonne situation aux
yeux des artistes. Il y avait à la fois, dans
cette œuvre, une inexpérience de ce qu'on
nomme le sens du théâtre, une absence
de connaissance des effets de la scène, des
ressources et de la pratique de l'instrumentation, et un sentiment vrai de l'expression, un instinct généralement juste du
côté lyrique du sujet, et une tendance à la
noblesse du style. Le final du premier acte
produisit un effet dont je fus tout surpris ;
on le bissa avec des acclamations unanimes,
auxquelles je ne pouvais croire en dépit de
mes oreilles qui en bourdonnaient d'émotion inattendue, et ce *bis* se reproduisit
aux représentations suivantes. L'effet du
second acte fut inférieur à celui du premier, malgré le succès d'une *cantilène*

chantée par madame Viardot, et celui d'un *duo* de genre léger, chanté par Brémond et mademoiselle Poinsot : « Va m'attendre, mon maître ! » Mais le troisième acte produisit une très bonne impression. On bissa la chanson du pâtre : « Broutez le thym, broutez mes chèvres », et les stances finales de Sapho : « O ma lyre immortelle » furent très applaudies.

La chanson du pâtre fut le début du ténor Aymès, qui la chantait à merveille et s'y était fait une réputation. Gueymard et Marié remplissaient les rôles de Phaon et d'Alcée.

Ma mère, naturellement, assistait à cette première représentation. Comme je quittais la scène pour aller la rejoindre dans la salle, où elle m'attendait après la sortie du public, je rencontrai, dans les couloirs de l'Opéra, Berlioz tout en larmes. Je lui sautai au cou, en lui disant :

— Oh ! mon cher Berlioz, venez montrer ces yeux-là à ma mère : c'est le plus beau feuilleton qu'elle puisse lire sur mon ouvrage.

Berlioz se rendit à mon désir, et, s'approchant de ma mère, il lui dit :

— Madame, je ne me souviens pas d'avoir éprouvé une émotion semblable depuis vingt ans.

Il publia sur *Sapho* un compte rendu qui est assurément une des appréciations les plus flatteuses et les plus élevées que j'aie eu l'honneur et le bonheur de recueillir dans ma carrière.

Sapho ne fut jouée que six fois : l'engagement de madame Viardot touchait à sa fin : elle fut remplacée dans son rôle par mademoiselle Masson avec qui l'ouvrage n'eut que trois représentations de plus.

On peut, je crois, poser en principe

qu'une œuvre dramatique a toujours, à peu de chose près, le succès de public qu'elle mérite. Le succès, au théâtre, est la résultante d'un tel ensemble d'éléments qu'il suffit (et les exemples en abondent) de l'absence de quelques-uns de ces éléments, parfois même des plus accessoires, pour balancer et compromettre l'empire des qualités les plus élevées. La mise en scène, les divertissements, les décors, les costumes, le livret, tant de choses concourent au prestige d'un opéra! L'attention du public a un tel besoin d'être soutenue et soulagée par la variété du spectacle! Il y a des œuvres de premier ordre par certains côtés qui ont sombré, non dans l'admiration des artistes, mais dans la faveur publique, faute de ce condiment nécessaire pour les faire accepter de ceux à qui ne suffit pas le pur attrait du beau intellectuel.

Je ne prétends en aucune sorte réclamer pour la destinée de *Sapho* le bénéfice de ces considérations. Le public apporte, au jugement d'un ouvrage, des titres et des droits qui constituent un genre de compétence et d'autorité à part. On ne doit ni attendre ni exiger de lui les connaissances spéciales qui permettent de décider sur la valeur technique d'une œuvre d'art ; mais il a, lui, le droit d'attendre et d'exiger qu'une œuvre dramatique réponde aux instincts dont il vient demander l'aliment et la satisfaction au théâtre. Or une œuvre dramatique ne repose pas exclusivement sur les qualités de forme et de style : ces qualités sont essentielles, assurément ; elles sont même indispensables pour protéger un ouvrage contre les rapides atteintes du temps dont la faux ne s'arrête que devant les traces de la beauté idéale ; mais elles ne sont ni les seules ni même, en un

certain sens, les premières : elles consolident et affermissent le succès dramatique,
elles ne l'établissent pas.

Le public du théâtre est un *dynamomètre* :
il n'a pas à connaître de la valeur d'une
œuvre au point de vue du goût ; il n'en
mesure que la puissance passionnelle et
le degré d'émotion, c'est-à-dire ce qui en
fait proprement une œuvre dramatique,
expression de ce qui se passe dans l'âme
humaine personnelle ou collective. Il ré-
sulte de là que public et auteur sont réciproquement appelés à faire l'éducation
artistique l'un de l'autre : le public, en étant
pour l'auteur le critérium et la sanction du
Vrai ; l'auteur, en initiant le public aux
éléments et aux conditions du Beau. Hors
de cette distinction, il me paraît impossible
d'expliquer cet étrange phénomène de l'in-
cessante mobilité du public, qui se déprend
le lendemain de ce qui le passionnait la

veille et qui crucifie aujourd'hui ce qu'il adorera demain.

Pour n'être pas ce qu'on appelle un succès, le sort de *Sapho* n'en eut pas moins des conséquences profitables à ma carrière et à mon avenir. Et d'abord, Ponsard me demanda, le soir même de la première représentation, si je voudrais écrire la musique des chœurs d'une tragédie en cinq actes, *Ulysse*, qu'il destinait au Théâtre-Français. J'acceptai sur-le-champ, sans connaître l'ouvrage ; mais la réputation de l'auteur de *Lucrèce*, de *Charlotte Corday* et d'*Agnès de Méranie* m'inspirait plus que de la sécurité sur la valeur de l'œuvre à la collaboration de laquelle j'avais l'heureuse chance d'être appelé.

Arsène Houssaye était alors directeur de la Comédie-Française. Il fallait annexer au personnel ordinaire du théâtre, un personnel choral et un renfort de l'orchestre accoutumé [1].

Ulysse fut représenté le 18 juin 1852. Je venais d'épouser, quelques jours auparavant, une fille de Zimmerman [2], le célèbre professeur de piano du Conservatoire, à qui est due la belle école de piano de laquelle sont sortis Prudent, Marmontel, Goria, Lefébure-Wély, Ravina, Bizet et tant d'autres ; je devenais, par cette alliance, le beau-frère du jeune peintre Edouard Dubufe, qui déjà portait dignement le nom de son père, et dont le fils, Guillaume Dubufe, promet aujourd'hui de soutenir brillamment l'héritage et la réputation.

Les principaux rôles d'*Ulysse* étaient tenus par mademoiselle Judith, MM. Gef-

1. Voir plus loin, p. 238, une lettre de Berlioz à Gounod en date du 19 novembre 1851.

2. Voir plus loin, p. 239, une lettre de Gounod à Lefuel, sans date.

froy, Delaunay, Maubant, mademoiselle
Nathalie et autres. La part de la musique
ne représentait pas moins de quatorze
chœurs, un solo de ténor, plusieurs passages de mélodrame instrumental et une
introduction d'orchestre. Il y avait pour le
musicien un certain danger de monotonie
dans l'emploi uniforme des mêmes ressources, l'orchestre et les chœurs.

J'eus, néanmoins, la bonne fortune de
tourner assez heureusement la difficulté, et
ce second ouvrage me valut une nouvelle
bonne note dans l'opinion des artistes. Ma
partition eut en outre une chance que n'a-
vait pas eue celle de *Sapho*, pour laquelle
aucun éditeur ne s'était présenté : MM. Escu-
dier me firent l'honneur et la faveur de
graver mon nouvel ouvrage *gratis*.

Ulysse fut joué une quarantaine de fois.
C'était la seconde épreuve dont ma mère
fut témoin dans ma carrière dramatique.

Les « chœurs d'*Ulysse* » me semblent empreints d'un caractère et d'une couleur assez justes et d'un style assez personnel ; le maniement de l'orchestre y laisse encore bien à désirer sous le rapport de l'expérience, plutôt que sous celui du coloris dont l'instinct est en général assez heureux.

Peu de jours après mon mariage, je fus nommé Directeur de l'orphéon et de l'enseignement du chant dans les écoles communales de la Ville de Paris. Je remplaçais, à ce poste, M. Hubert, élève et successeur lui-même de Wilhem, le créateur de cette institution.

Ces fonctions que j'ai remplies pendant huit ans et demi ont exercé une heureuse influence sur ma carrière musicale par l'habitude qu'elles m'ont conservée de diriger et d'employer de grandes masses vocales traitées dans un style simple et favorable à leur meilleure sonorité.

Ma troisième tentative musicale au théâtre fut *la Nonne sanglante*, opéra en cinq actes de Scribe et Germain Delavigne. Nestor Roqueplan, qui était toujours directeur de l'Opéra, s'était pris d'affection pour *Sapho* et d'amitié pour moi : il disait qu'il me trouvait une tendance à « faire grand ». C'était lui qui avait désiré que j'écrivisse pour l'Opéra un ouvrage en cinq actes. *La Nonne sanglante* fut écrite en 1852-53 ; mise en répétition le 18 octobre 1853, laissée de côté et successivement reprise à l'étude plusieurs fois, elle vit enfin la rampe le 18 octobre 1854, un an juste après sa première répétition. Elle n'eut que onze représentations, après lesquelles Roqueplan fut remplacé à la direction de l'Opéra par M. Crosnier. Le nouveau directeur ayant déclaré qu'il ne laisserait pas jouer plus longtemps une « pareille ordure », la pièce disparut de l'affiche et n'y a plus reparu depuis.

J'en eus quelque regret. Le chiffre excellent des recettes n'autorisait assurément pas une mesure aussi radicale et aussi sommaire. Mais les décisions directoriales ont parfois, dit-on, des dessous qu'il serait inutile de vouloir pénétrer : en pareil cas, on donne des prétextes : les raisons demeurent cachées. Je ne sais si *la Nonne sanglante* était susceptible d'un succès durable; je ne le pense pas : non que ce fût une œuvre sans effet (il y en avait quelques-uns de saisissants); mais le sujet était trop uniformément sombre; il avait, en outre, l'inconvénient d'être plus qu'imaginaire, plus qu'invraisemblable : il était en dehors du possible, il reposait sur une situation purement fantastique, sans réalité, et par

conséquent sans intérêt dramatique, l'intérêt étant impossible en dehors du vrai ou,
tout au moins, du vraisemblable.

Je crois qu'il y avait à mon actif, dans
cet ouvrage, une part sérieuse de progrès
dans l'emploi de l'orchestre; certaines pages
y sont traitées avec une connaissance plus
sûre de l'instrumentation et avec une main
plus expérimentée ; plusieurs morceaux
sont d'une bonne couleur, entre autres le
chant de la Croisade, avec Pierre l'Ermite
et les chœurs, au premier acte; au second
acte, le prélude symphonique des Ruines,
et la marche des Revenants ; au troisième
acte, une cavatine du ténor, et son duo
avec la Nonne.

Mes principaux interprètes furent mesdemoiselles Wertheimber et Poinsot,
MM. Gueymard, Depassio et Merly.

Je me consolai de mon déboire en écrivant une symphonie (n° 1, en *ré*) pour la Société des Jeunes artistes, qui venait d'être fondée par Pasdeloup et dont tous les concerts avaient lieu salle Herz, rue de la Victoire. Cette symphonie fut bien accueillie, et cet accueil me décida à en écrire pour la même société, une seconde (n° 2, en *mi bémol*), qui obtint aussi un certain succès. J'écrivis, à cette même époque, une messe solennelle de Sainte-Cécile qui fut exécutée avec succès par l'Association des artistes musiciens, le 22 novembre 1855, dans l'église Saint-Eustache, pour la première fois, et qui a été jouée plusieurs fois depuis ; elle est dédiée à la mémoire de mon beau-père, Zimmerman, que nous avions perdu le 29 octobre 1853.

Un autre malheur vint frapper notre famille : le 6 août 1855. la mort nous enleva une sœur aînée de ma femme, Juliette Dubufe, femme d'Edouard Dubufe,

le peintre, nature douée d'un rare assemblage des plus charmantes qualités joint à
un talent exceptionnel de sculpteur et de
pianiste. « Bonté, esprit, talent », telle fut
l'inscription simple, mais aussi méritée
qu'éloquente, qui résuma l'éloge et les
regrets inspirés par cette femme dont la
grâce exquise captivait irrésistiblement ceux
qui l'approchaient.

La direction de l'orphéon occupait alors
la plus grande partie de mon temps : j'écrivais, pour les grandes réunions chorales
de cette institution, nombre de morceaux
dont quelques-uns furent remarqués, et
parmi lesquels se trouvent deux messes
dont l'une avait été exécutée sous ma direction, le 12 juin 1853, dans l'église de Saint-
Germain-l'Auxerrois, à Paris. Ce fut pendant une des grandes séances annuelles de
l'orphéon que ma femme me donna un

fils, le dimanche 8 juin 1856. (Trois ans auparavant, le 13 du même mois, nous avions eu la douleur de perdre un premier enfant, une fille qui n'avait pas vécu.) Le matin du jour où naquit mon fils, ma courageuse femme, au moment où j'allais partir pour la séance de l'orphéon, eut la force de me cacher les douleurs dont elle ressentait les premières atteintes ; et, lors-que, dans l'après-midi, je rentrai à la mai-son, mon fils était au monde.

La venue de cet enfant, que j'avais tant désiré, fut pour nous une joie et une fête : nous avons eu le bonheur de le conserver ; il a maintenant vingt et un ans accomplis et se destine à la peinture.

Depuis *la Nonne sanglante*, je n'avais travaillé à aucune œuvre dramatique ; mais j'avais écrit un petit oratorio, *Tobie*, que m'avait demandé, pour l'un de ses concerts annuels à bénéfice, George Hainl, alors chef d'orchestre du Grand-Théâtre à Lyon. Cet ouvrage a, je crois, quelques qualités de sentiment et d'expression ; on y avait remarqué un air assez touchant du jeune Tobie et quelques autres passages qui ne manquaient pas d'un certain accent pathétique.

En 1856, je fis connaissance de Jules Barbier et de Michel Carré. Je leur demandai s'ils seraient disposés à travailler avec moi et à me confier un poème ; ils y consentirent avec beaucoup de bonne grâce. La première idée sur laquelle j'attirai leur collaboration fut *Faust.* Cette idée leur plut beaucoup : nous allâmes trouver M. Carvalho, qui était alors directeur du Théâtre-Lyrique, situé boulevard du Temple, et qui venait de monter *la Reine Topaze,* ouvrage de Victor Massé, dans lequel madame Miolan-Carvalho avait un très grand succès.

Notre projet sourit à M. Carvalho, et aussitôt mes deux collaborateurs se mirent à l'œuvre. J'étais parvenu à peu près à la moitié de mon travail, lorsque M. Carvalho m'annonça que le théâtre de la Porte-Saint-Martin préparait un grand mélodrame intitulé *Faust*, et que cette circonstance renversait toutes ses combinaisons au sujet de notre ouvrage. Il considérait, avec raison, comme impossible que nous fussions prêts avant la Porte-Saint-Martin ; et, d'autre part, il jugeait imprudent, au point de vue du succès, d'engager, sur un même sujet, la lutte avec un théâtre dont le luxe de mise en scène aurait déjà fait courir tout Paris au moment où notre œuvre verrait le jour.

Il nous invita donc à chercher un autre sujet ; mais cette déconvenue soudaine m'avait rendu incapable de diversion, et je restai huit jours sans pouvoir me livrer à d'autre travail.

Enfin M. Carvalho me demanda d'écrire un ouvrage comique et d'en chercher la donnée dans le théâtre de Molière. Ce fut là l'origine du *Médecin malgré lui*, qui fut représenté au Théâtre-Lyrique le 15 janvier 1858, jour anniversaire de la naissance de Molière[1]. L'annonce d'un ouvrage comique écrit par un musicien dont les trois premiers essais semblaient indiquer des tendances tout autres fit craindre et présager un échec. L'événement déjoua ces craintes, dont quelques-unes étaient peut-être des espérances, et le *Médecin malgré lui* fut, *malgré cela*, mon premier succès de public au théâtre. Le plaisir devait en être empoisonné par la mort de ma pauvre mère qui, malade depuis des mois, et complètement aveugle depuis deux ans, expirait le

1. Voir plus loin, Lettres, p. 271, comment Gounod, trente-trois ans après, dans un toast à S. A. I. la princesse Mathilde, évoquait le souvenir de cet ouvrage.

lendemain même, 16 janvier 1858, à l'âge
de soixante-dix-sept ans et demi. Il ne m'a
pas été donné d'apporter à ses derniers
jours ce fruit et cette récompense d'une vie
toute consacrée à l'avenir de ses fils ! J'espère, du moins, qu'elle a emporté l'espoir
et le pressentiment que ses soins n'auraient
pas été stériles et que ses sacrifices seraient
bénis [1].

Le Médecin malgré lui donna une série
non interrompue d'une centaine de représentations. L'ouvrage fut monté avec beaucoup de soin, et l'acteur Got, de la
Comédie-Française, eut même, à la demande du directeur, l'obligeance de prêter
l'appui de ses précieux conseils aux artistes
pour la mise en scène traditionnelle de la
pièce et la déclamation du dialogue parlé.

1. Voir plus loin, p. 242, une lettre de Gounod à
l'un de ses beaux-frères, M. Pigny.

Le rôle principal, celui de Sganarelle, fut créé par Meillet, baryton plein de rondeur et de verve, qui y obtint un grand succès de chanteur et d'acteur. Les autres rôles d'hommes furent confiés à Girardot, Wartel, Fromant et Lesage (remplacés depuis par Potel et Gabriel), qui s'en acquittèrent fort bien. Les deux principaux rôles de femmes étaient tenus par mesdemoiselles Faivre et Girard, toutes deux pleines d'entrain et de gaieté. Cette partition, la première que j'aie ou l'occasion d'écrire dans le genre comique, est d'une allure facile et légère qui se rapproche de l'opéra bouffe italien. J'ai tâché d'y rappeler, dans certains passages, le style de Lulli ; mais l'ensemble de l'ouvrage reste néanmoins dans la forme moderne et participe de l'école française. Parmi les morceaux qui furent le plus goûtés, se trouve la *Chanson des glouglous*, supérieurement dite par Meillet, à qui on la redemandait toujours ; le *Trio de la bastonnade*, le *Sextuor de la consultation*, un *Fabliau*, la *Scène de consultation des paysans*, et un *duo* entre Sganarelle et la nourrice.

Le *Faust* de la Porte-Saint-Martin venait d'être représenté, et le luxe déployé dans la mise en scène n'avait pu assurer à ce mélodrame une très longue carrière. M. Carvalho se reprit alors à notre premier projet, et je m'occupai immédiatement de terminer l'œuvre que j'avais interrompue pour écrire le *Médecin*.

Faust fut mis en répétition au mois de septembre 1858. Je l'avais fait entendre, au foyer du théâtre, à M. Carvalho, le 1er juillet, avant mon départ pour la Suisse, où j'allais passer les vacances avec ma femme et mon fils, alors âgé de deux ans. A ce moment, rien n'était encore arrêté quant à la distribution des rôles, et

M. Carvalho m'avait demandé de laisser assister à l'audition que je lui avais donnée madame Carvalho, qui demeurait en face du théâtre. Elle fut tellement impressionnée par le rôle de Marguerite que M. Carvalho me pria de le lui donner. Ce fut chose convenue, et l'avenir a prouvé que ce choix avait été une véritable inspiration.

Cependant les études de *Faust* ne devaient pas se poursuivre sans rencontrer de difficultés. Le ténor à qui avait été confié le rôle de Faust ne put, en dépit d'une voix charmante et d'un physique très agréable, soutenir le fardeau de ce rôle important et considérable. Quelques jours avant l'époque fixée pour la première représentation, on dut s'occuper de le remplacer, et on eut recours à Barbot qui était alors disponible. En un mois, Barbot sut le rôle et fut prêt à jouer, et l'ouvrage put être représenté le 19 mars 1859.

Le succès de *Faust* ne fut pas éclatant; il est cependant jusqu'ici ma plus grande réussite au théâtre. Est-ce à dire qu'il soit mon meilleur ouvrage? Je l'ignore absolument; en tout cas, j'y vois une confirmation de la pensée que j'ai exprimée plus haut sur le succès, à savoir qu'il est plutôt la résultante d'un certain concours d'éléments heureux et de conditions favorables qu'une preuve et une mesure de la valeur intrinsèque de l'ouvrage même. C'est par les surfaces que se conquiert d'abord la faveur du public; c'est par le fond qu'elle se maintient et s'affermit. Il faut un certain temps pour saisir et s'approprier l'expression et le sens de cette infinité de détails dont se compose un drame.

L'art dramatique est un art de portraitiste : il doit traduire des caractères comme un peintre reproduit un visage ou une attitude; il doit recueillir et fixer tous les traits, toutes les inflexions si mobiles et si fugitives dont la réunion constitue cette propriété de physionomie qu'on nomme un personnage. Telles sont ces immortelles figures d'Hamlet, de Richard III, d'Othello, de Lady Macbeth, dans Shakespeare, figures d'une ressemblance telle avec le type dont elles sont l'expression qu'elles restent dans le souvenir comme une réalité vivante : aussi les appelle-t-on justement des créations. La musique dramatique est soumise à cette loi hors de laquelle elle n'existe pas. Son objet est de spécialiser des physionomies. Or ce que la peinture représente simultanément au regard de l'esprit, la musique ne peut le dire que successivement : c'est pourquoi elle échappe si facilement aux premières impressions.

Aucun des ouvrages que j'avais écrits avant *Faust* ne pouvait faire attendre de moi une partition de ce genre; aucun n'y avait préparé le public. Ce fut donc, sous ce rapport, une surprise. C'en fut une aussi quant à l'interprétation. Madame Carvalho n'avait certes pas attendu le rôle de Marguerite pour révéler les magistrales qualités d'exécution et de style qui la placent au premier rang parmi les cantatrices de notre époque; mais aucun rôle ne lui avait fourni, jusque-là, l'occasion de montrer à ce degré les côtés supérieurs de ce talent si sûr, si fin, si ferme et si tranquille, je veux dire le côté lyrique et pathétique. Le rôle de Marguerite a établi sa réputation sous ce rapport, et elle y a laissé une empreinte qui restera une des gloires de sa brillante carrière. Barbot se tira en grand musicien du rôle difficile de Faust. Balanqué, qui créa le rôle de Méphistophélès, était un comédien intelligent dont le jeu, le physique et la voix se prêtaient à merveille à ce personnage fantastique et satanique : malgré un peu d'exagération dans le geste et dans l'ironie, il eut beaucoup de succès. Le petit rôle de Siebel et celui de Valentin furent très convenablement tenus par mademoiselle Faivre et M. Raynal.

Quant à la partition, elle fut assez discutée pour que je n'eusse pas grand espoir d'un succès...

LETTRES

I

A MONSIEUR H. LEFUEL, ARCHITECTE,

A l'Académie de France, à Rome, villa Médicis.

Naples, le mardi 14 juillet 1840.

J'aurais bien désiré, cher Hector, t'adresser plus tôt ce petit mot que je remets à Murat[1]. Mais je n'ai trouvé jusqu'à cette heure que le temps d'écrire à mon frère une assez longue pancarte ; et dans cette

[1]. Murat (Jean), peintre, prix de Rome.

ville de Naples, où j'ai fait quelques connaissances il y a trois mois, il m'a fallu
commencer cette fois par me faire voir.
Maintenant, à partir d'aujourd'hui, me
voilà plus libre. J'ai écrit aussi à Desgoffe,
et j'aurais voulu en faire autant pour ce
bon Hébert, auquel je te prie de faire
bien des excuses de ma part. Il aura certainement de mes nouvelles directes un de
ces jours, et même très prochainement, car
je pense, sans toutefois en être sûr, partir
mercredi ou jeudi de la semaine prochaine
pour faire ma tournée des îles d'Ischia,
Capri, puis revenir par Pœstum, Salerne,
Amalfi, Sorrento, Pompéia et Naples ; c'est
une affaire d'une douzaine de jours. J'espère,
cher bon ami, que tu t'es bien porté depuis
mon départ; je le demande aussi à Desgoffe, que je prie de t'engager à ne pas trop
travailler. La chaleur là-bas doit être si
grande en ce moment ! Ici, à Naples, il

fait quelquefois très lourd ; aujourd'hui surtout, nous avons eu un temps d'orage assommant ; mais la brise de mer n'est pas une charge et, surtout pour nous qui sommes logés en quelque sorte sur la mer, nous en jouissons et nous en sentons la fraîcheur autant qu'il est possible.

Naples m'ennuie plus que jamais (la ville, s'entend). Je suis fort curieux de Capri et d'Ischia, ainsi que de Pœstum. Je suis enfin monté hier aux Camaldules : c'est un point de vue admirable, surtout comme étendue de mer ; tu sais si nous aimons la mer : plus on la voit, plus on comprend la beauté de cette simple ligne horizontale derrière laquelle on pourrait soupçonner l'infini. Demain soir, à quatre heures, s'il fait beau, nous montons au Vésuve pour y voir le coucher du soleil ; nous y passons la nuit pour voir l'effet de tout le golfe au clair de lune, et nous voyons le lendemain matin le lever du soleil. Tu vois que c'est une belle partie.

J'ai reçu avant-hier une lettre de ma mère, envoyée de Rome; je te remercie, cher Hector, si c'est à toi que je dois l'arrivée de cette lettre. Ma mère m'y charge de mille amitiés pour toi ainsi que mon bon Urbain.

Comment t'es-tu trouvé du tableau de M. Ingres? Écris-le-moi, ou mets-moi un mot dans la lettre de Desgoffe quand il me répondra. Envoyez-moi toujours vos lettres à la Ville-de-Rome, quai Sainte-Lucie, à Naples. Si je suis en tournée pendant ce temps, je les trouverai à mon retour. Dis à Hébert que je serai très content aussi de savoir l'effet que lui aura produit le tableau de M. Ingres : bien que je ne mérite pas cette nouvelle avant de lui avoir écrit moi-même, j'en suis bien désireux.

Embrasse bien mon petit frère Vauthier,

que je prie aussi de ne pas m'oublier. Dis
à Fleury[1] que je suis bien fâché de n'avoir
pu lui dire adieu avant mon départ. Enfin je
te charge, cher ami, de tous mes souvenirs
pour nos bons camarades en général et en
particulier, selon la formule consacrée.

Adieu, cher Hector, je t'embrasse comme
je t'aime, et c'est de tout cœur, tu le sais
bien ; au reste, je peux te le dire, car dans
notre exil à tous deux, j'ai la part de trois.

Tout à toi de cœur,

CHARLES GOUNOD.

Guénepin[2] t'écrira sous peu de jours ; il
te dit mille choses aimables ; il est fort
bon garçon pour moi, nous avons fait bon
voyage, bien que nos nuits aient été de

---

1. Domestique de confiance des pensionnaires ; au service de l'Académie, alors, depuis quarante ans.

2. Guénepin (François-Jean-Baptiste), architecte, prix
de Rome.

trois ou quatre heures au plus: c'est un détail. Fais-moi donc l'amitié de me dire, quand tu m'écriras, si Desgoffe a renvoyé chercher ma partition de *Freischütz* chez le prince Soutzo.

II

A MONSIEUR HECTOR LEFUEL

A Venise, poste restante.

Rome, le mardi 4 avril 1841.

Mon cher et tendre père,

Voilà déjà que ton enfant désolé se creusait la tête pour savoir où t'écrire, et il commençait à désespérer de la tendresse de son vieux papa, lorsqu'il apprend par M. Schnetz que cet intrépide centenaire s'est transporté de Florence à Bologne pour se rendre au plus vite à Venise. C'est donc à Venise que ce fils rassuré se hâte de lui faire parvenir de ses nouvelles pour lui dire qu'il se porte très bien, et ensuite que sa messe a obtenu un heureux succès parmi ses petits camarades d'abord, et en second lieu parmi les en bas. Il a pensé aussitôt à la satisfaction de son vieux père et cette pensée a été pour beaucoup dans la joie de son succès.

Il a aussi regretté beaucoup l'absence du même vieux père, qui est naturellement l'être auquel il tenait le plus ici, et dont le sort l'a frustré fort mal à propos dans ce moment-là.

De plus, nouvelles de Paris qui me chargent de mille amitiés pour toi, mon cher bon Hector : je ne sais pas comment cela se fait, mais maman croyait que j'allais te revoir au bout d'un ou deux mois : je l'ai désabusée sur ce point, et cette désillusion n'aura pas été sans lui faire de peine. Et puis tu ne sais pas la nouvelle que j'ai reçue à propos d'Urbain : elle m'a donné d'abord une fameuse alerte de joie, et puis à la fin du paragraphe un affreux renfoncement ; il s'agissait tout bonnement pour lui du voyage en Sicile et à Rome ; mais c'est tombé dans l'eau, et voici comment.

M. le marquis de Crillon, qui a toujours porté beaucoup d'intérêt à notre famille, avait l'intention de s'adjoindre pour son compagnon de voyage en Sicile un artiste distingué, ayant fait de bonnes études, enfin un homme sérieux. Bref, il avait pensé à Urbain. Il arrive donc à la maison un jour, et fait à ma mère la déclaration de ce projet ; ma mère le remercie de cette extrême bonté, lui en exprime toute sa reconnaissance, en parle à Urbain lorsqu'elle le voit. Urbain, après avoir vite et mûrement réfléchi, se décide, et va donner sa réponse affirmative à M. de Crillon. Ensuite, lorsqu'il

s'est agi d'aller faire ses visites d'adieu à
ses clients, il a trouvé partout des visages
contrits et désolés de le voir partir, des
regrets universels : on ne trouverait jamais
à remplacer sa délicatesse, sa loyauté, etc...
enfin toutes les bonnes et estimables qualités que tu lui connais. Circonstance déjà
entravant les projets de départ; mais ce
n'est pas le tout ; voici qui est venu
mettre les plus gros bâtons dans les roues :
ce sont ses intérêts compromis pour une
somme de dix ou douze mille francs. A ce
moment-là, sa présence est devenue indispensable à Paris, comme tu peux bien penser. Je suis fort inquiet de cette aventure
critique et voudrais bien savoir le plus tôt
possible comment cela aura tourné: je t'en
informerai dans ma plus prochaine lettre.
Pauvre Urbain, qui est si bon et qui s'est
donné tant de mal! Heureusement qu'il a
bien du courage et qu'il sait supporter de

vilaines épreuves; mais c'est dur sur le moment.

J'ai su, mon cher Hector, que tu avais écrit à Gruyère; au moment où je me laissais aller à ma jalousie, Hébert m'a dit : « Console-toi : c'est une commission dont il le charge, tout simplement. » Alors, je me suis consolé dans l'espoir d'en recevoir une plus tard pour moi. Je dois te dire que j'ai été fort heureux des témoignages d'intérêt que m'ont donnés ces jours-ci plusieurs de mes camarades, entre autres notre bon petit peintre Hébert : j'ai été très sensible au soin et à l'attention avec lesquels je l'ai vu écouter la répétition de ma messe; il n'y aurait certainement pas eu cela chez un indifférent, et on est toujours heureux de pouvoir citer ceux qui ne le sont pas. Comme je sais que tu aimes aussi Hébert, je suis bien aise de te faire parvenir ce renseignement sur son compte, bien sûr que son attachement pour moi ne diminuera en rien le tien pour lui. Il se porte aussi d'une manière satisfaisante, et me charge de mille amitiés pour toi ainsi que tous ces messieurs de l'Académie. Je vais voir s'il est chez lui et le tenter pour qu'il te mette deux mots au bas de ma lettre.

Bazin n'est toujours pas arrivé ; je ne sais pas ce qu'il fait : j'ai grand'peur que dans l'enthousiasme qu'a dû lui témoigner sa ville natale à son passage on ne l'ait pris lui-même en nature pour le clouer sur un piédestal en guise de statue à son honneur. Les Marseillais ont la tête chaude, ils sont capables de lui avoir fait celle-là ; elle serait un peu bonne pour ses mois de pension !

Adieu, mon cher Hector ; tu sais comme je t'aime, eh bien, je t'embrasse comme cela, sur les deux joues et sur l'œil gauche, comme on dit : si tu es encore avec

Courtépée[1], dis-lui que je lui envoie une poignée de main bien soignée aussi. J'espère que vous vous portez bien tous les deux et que, si vous avez le même temps que nous, vous devez faire des choses superbes. Adieu, cher ami. Tout à toi de cœur.

CHARLES GOUNOD.

Mon cher architecte, je profite de l'occasion de notre cher musicien pour te donner signe de vie. J'ai appris par notre grand sculpteur Gruyère que tu étais aux prises avec une foule de rhumes ; j'espère que le soleil de la noble et voluptueuse Venise te fondra les glaces que le vieux hiver a amoncelées dans ton cerveau. Tu as eu un succès à l'Exposition ; tous ont été étonnés de tes dessins, l'ambassadeur et l'ambassadrice n'en dorment plus. Je ne te parle pas de moi : ce que j'ai fait est trop peu impor-

---

1. Architecte, « rapin » de Lefuel.

tant et trop peu bien pour mériter une ligne. La messe de notre célèbre musicien a eu un plein succès parmi nous et parmi le monde. Elle a été bien exécutée grâce à l'activité qu'il a déployée à secouer ces vieux endormis. Si tu vois Loubens[1], dis-lui bien des choses de ma part; et ce Courtépée, qu'en fais-tu? peux-tu venir à bout de le faire lever en même temps que toi, ô travailleur matinal?

Adieu. Si je puis t'être utile ou agréable, je suis à toi.

E. HÉBERT.

Murat ne veut pas seulement t'écrire deux mots : il dit qu'il t'écrira.

CH. GOUNOD.

Ce n'est pas vrai.

MURAT.

1. Ancien élève de l'École polytechnique, ami de Gounod, d'Hébert, etc...

III

A MONSIEUR LEFUEL, ARTISTE

à Nice-Maritime (poste restante) [1]

Rome, le 21 juin (lundi).

Cher bon ami,

Comme il est bien plus naturel de voir un enfant se presser de répondre à son père qu'un père à son enfant, je commencerai par m'excuser de ne t'avoir pas accusé plus tôt réception de ta dernière lettre datée de Mantoue. Mais c'est bien malgré moi, je t'assure. J'ai eu beaucoup à écrire tous ces derniers temps, et je n'ai pas encore fini. C'est vraiment quelquefois très occupant et même autre chose que d'avoir à reconnaître

1. Cette lettre a été adressée d'abord « à Milan. poste restante, » puis renvoyée de Milan à Gênes, et de Gênes à Nice.

seul par écritures l'intérêt que quelques personnes se contentent très bien de vous faire témoigner par d'autres, et dont on ne peut pas rendre, soi, les remerciements en même monnaie. Enfin il faut encore se trouver fort heureux de cet intérêt-là, et ne pas faire son dégoûté devant un peu d'activité : sans quoi les autres diraient : « Il est bien facile de lui retirer tout cet embarras », n'est-ce pas, cher ami ? Aussi je ne dis cela qu'à toi ou qu'à des amis en lesquels je me confierais de même.

Je te dirai que j'ai fait auprès de Gruyère la commission relative à ton habit autour duquel nous avons si longtemps *brûlé*, comme lorsqu'on cherche quelque chose à cache-cache. Cet habit a enfin revu le jour et n'était détérioré ni par de mauvais plis, ni par des vers ou des papillons.

J'ai fait aussi tes amitiés à nos camarades qui n'ont pas manqué de me demander

d'où j'avais reçu une lettre de toi. J'ai ré-
pondu qu'elle me venait de Mantoue. Alors
se sont élevées maintes conversations particulières et générales sur ta position comme
pensionnaire favorisé, surtout depuis que la
même faveur a été refusée à Gruyère, qui
avait également demandé à faire un voyage,
et qui prétend avoir allégué de très bons
motifs. Je n'ai pas voulu parler longuement
de toi pour ne pas échauffer les opinions
qui nous étaient défavorables, mais j'ai seulement relevé à l'instant un mot d'un pen-
sonnaire que je ne nommerai pas, mais
qui, parlant de la faveur qui déjà t'avait
été accordée l'an passé pour Naples, présentait ta conduite comme peu délicate et
peu franche en allant à Florence d'abord.
Je me suis borné à exclure de toute ma
force cette opinion-là sans vouloir nullement me lancer dans une discussion qui
aurait pu devenir une dispute. Et puis,

cher Hector, si tu savais que de choses, depuis ton départ, se sont passées dans les caractères de bien des gens ! Si cela ne change pas, je ne doute point qu'à ton retour tu ne trouves des individus qui font ce qu'on appelle *leur tête*. Je ne suis pas le seul à l'avoir remarqué, et je ne pense pas que cela doive t'échapper non plus.

Quant à moi, dans dix jours je pars pour Naples, et je compte rester un mois et demi, deux mois, non pas à Naples même, mais dans le royaume et dans les îles ; pour le mois de septembre, je le passerai sans doute à Frascate pour bien revoir à cette époque et pour la dernière fois ce magnifique Monte Cavi dont je voudrais bien faire quelques études.

Si tu m'écris pendant mon voyage, adresse ta lettre poste restante à Naples. Quand je serai en ville, je la prendrai moi-même ; sinon je me la ferai envoyer où je serai.

J'ai fait dernièrement une tournée d'une dizaine de jours dans la montagne du côté de Subiaco, Civitella, Olevano ; j'y ai vu de très belles choses comme pays : mais de tout, ce qui m'a le plus intéressé, c'est le couvent de San Benedetto à Subiaco. J'ai vu là des choses et j'ai éprouvé des émotions que je n'oublierai jamais de ma vie.

J'ai reçu dernièrement des nouvelles de chez moi : on va bien et on t'envoie mille affectueux souvenirs. On me dit qu'Urbain a adressé une lettre à Gênes de manière que tu pusses l'y trouver le 15 du mois : je ne sais sur quoi il a jugé que tu serais à Gênes à cette époque, mais en tout cas, il me semble qu'il s'est trompé de quelque peu dans ses calculs. Au reste il vaut mieux qu'elle soit arrivée avant toi qu'après ; outre que tu es sûr de la trouver en quittant Milan, tu pourrais au besoin te la faire envoyer si tu avais quelqu'un de connaissance. Ensuite ma mère me dit que Blanchard a eu l'extrême gracieuseté de faire pour Urbain un petit dessin de ton portrait, ce qui a excessivement touché la mère et le frère. Ce beau Blanchard, à ce que me dit ma mère, avait eu la fièvre très forte à Paris depuis son retour, mais il va beaucoup mieux maintenant. Il a dîné à la maison plusieurs fois depuis son retour à Paris, et ma mère me dit qu'il est fort aimable, qu'il a de bonnes manières et qu'il lui plaît parce qu'il lui a paru fort bon.

Tu sais sans doute, si quelque journal français t'est tombé sous la main, que notre Jules Richomme n'est pas reçu en loge ; cette nouvelle m'a causé une vive peine pour lui et pour sa famille, qui désirerait tant le voir remporter le grand prix et venir à Rome. Pour moi je suis sûr maintenant de le revoir à Paris ; parce que,

eût-il même le prix l'année prochaine, il
ne partirait en tout cas qu'après l'époque
de mon retour.

Et toi, cher ami, où en sont tes travaux ?
Il me semble que tes cartons doivent fière-
ment se remplir. Écris-moi tout cela : comment tu te portes, ce que tu fais : bien
que je ne sois pas tout à fait apte à le comprendre, je crois que mon avidité à savoir
tout ce qui te plaît et ce que tu aimes,
m'ouvrira la comprenette jusqu'à un certain point. Au reste je m'en remets absolument à toi pour le compte rendu sous ce
rapport : tant que cela ne te coûtera ni
trop de temps, ni trop d'ennui, donne
toujours.

Adieu, cher Hector, porte-toi bien, et
aime-moi toujours, parce que c'est une
bonne œuvre que tu fais, et que cela te
sera rendu de bien des manières.

Sois aussi exact à me donner tes

adresses successives que je le serai à te donner la mienne pendant et après mon voyage.

Je t'embrasse de tout mon cœur de fils.

CHARLES GOUNOD.

IV

A MONSIEUR H. LEFUEL,

A Gênes, poste restante.

Si M. Lefuel ne vient pas réclamer ses lettres à Gênes, lui envoyer celle-ci à l'Académie de France, à Rome.

Vienne, le 21 août 1842 (lundi).

Mon cher Hector,

J'ai reçu, l'autre semaine, une lettre d'Hébert, auquel j'avais écrit le premier de Vienne ; il m'apprend que tu es quelque part autour de Gênes, mais il ne peut pas me dire au juste où tu es. Comme tu m'as abandonné tout le long de mon voyage, cher ami, et que je n'ai trouvé ni à Florence ni à Venise ni à Vienne une ligne de tes nouvelles, je me suis vu obligé de demander à quelque ami commun si, par hasard, il ne saurait pas ton adresse et s'il ne pourrait pas me la donner. Par la réponse que j'ai reçue d'Hébert, j'ai vu qu'il avait été plus heureux que moi, puisqu'il savait au moins où tu étais et où il pouvait te donner de ses nouvelles en recevant des tiennes. Tu sais pourtant bien, abominable et monstrueux père, combien ton fils aurait été content de voir quelques lignes de toi! mais tout le long du voyage, pas une panse d'A! moi, de mon côté, comment t'écrire? partout j'en ai eu envie, nulle part je n'en ai eu par toi le moyen. D'un autre côté, je crains maintenant que cette lettre-ci ne te trouve déniché d'où tu

étais : de sorte que cette incertitude m'a
décidé à prendre pour l'adresse de ma lettre
les précautions que tu vois. Si j'étais près de
toi, va, je te gronderais bien fort. Comment! tes entrailles patriarcales ont donc
dégénéré au point de n'avoir plus besoin
d'envoyer quelques-unes de ces bonnes
lignes auxquelles tu sais que ton premier-né
est si sensible! avec ton nom et ton adresse,
si tu n'avais pas le temps d'écrire, moi au
moins j'aurais pu te tenir au courant de
tout ce qui m'avait intéressé, de ce qui
m'intéresse encore aujourd'hui, choses auxquelles je ne puis pas te croire indifférent.
Enfin, cher et très cher père et ami, maintenant que je t'ai bien grondé, j'oublie tes
iniquités; je te pardonne du fond du cœur,
je sais depuis longtemps que cela t'embête
d'écrire; je sais aussi que tu ne perds pas
ton temps, et j'en eu trop souvent la preuve
à Rome pour jeter le manque de tes nou-

velles sur le compte de la flânerie. Ainsi donc, tout est oublié excepté toi.

J'aurais voulu pouvoir te dire déjà depuis longtemps ce qui m'arrive d'heureux ici : c'est de pouvoir faire exécuter à grand orchestre, le 8 septembre, dans une des églises de Vienne, ma messe de Rome, qui a été jouée à Saint-Louis-des-Français à la fête du Roi. C'est un grand avantage et qui n'est encore échu à aucun pensionnaire : je dois cela à la connaissance de quelques artistes fort obligeants qui m'en ont fait connaître d'autres, *influents*. A Vienne, je travaille; je n'y vois que très peu de monde, je ne sors presque pas ; je suis jusqu'au cou dans un requiem à grand orchestre qui sera probablement exécuté en Allemagne le 2 novembre. On m'a déjà offert ici, dans l'église où sera jouée ma messe de Rome, de m'exécuter aussi mon requiem. Comme je ne sais pas encore jusqu'à quel point je serai satisfait de l'exécution, je n'ai encore rien décidé à part moi. A Berlin, par la connaissance de madame Henzel et de Mendelssohn, il serait fort possible que j'obtinsse une exécution beaucoup plus belle qu'à Vienne, et qui aurait l'avantage de me donner une position meilleure aux yeux des artistes. A Vienne, je suis toujours libre d'accepter : si je suis content de l'exécution de ma messe du 8 septembre, je me déciderai à donner mon requiem ici ; sinon, je le porte à Berlin. Madame Henzel, lorsqu'elle était à Rome, me disait : « Quand vous viendrez en Allemagne, si vous avez de la musique à faire jouer, mon frère pourra vous être d'un grand secours. » Je lui ai écrit à Berlin, il y a quelques jours, et, comme je dois partir d'ici le 12 septembre pour faire une tournée à Munich, Leipzig, Berlin, Dresde, Prague, je la prie de vouloir bien me dire si elle croit que je puisse ou non arriver à Berlin avec des projets d'y faire jouer de ma musique ; sa réponse influen-cera encore ma décision à cet égard. Si elle me dit oui, je reste à Berlin jusque dans les premiers jours de novembre, et puis je reviens ensuite à Paris ; sinon, il me faut redescendre à Vienne, où je reviens en quatre jours par les chemins de fer. Il y en a un qui va de Vienne à Olmutz, et qui me fait faire près de soixante lieues. Si je dois rester à Berlin pour mon requiem, je serai obligé d'arranger mon voyage différemment et de le faire ainsi : Mu-nich, Prague, Dresde, Leipzig, Berlin. Au reste, je t'en informerai quand j'en serai sûr.

J'ai bien des fois regretté notre belle Rome, cher Hector, et j'envie bien le sort de ceux qui y sont encore ; ce n'est presque que dans le souvenir de ce beau pays que je trouve vraiment quelque charme et quelque bonheur : si tu savais ce que c'est que tous les pays que j'ai traversés, quand on les compare à l'Italie!

La dernière chose qui m'ait bien vivement et profondément impressionné, c'est Venise! tu sais combien c'est beau : ainsi je ne m'étalerai pas en descriptions, ni en extases, tu me comprends.

Tu as probablement appris de ton côté, cher ami, la mort de notre bon camarade Blanchard. Je mesure à l'affliction que j'en ai eue celle que tu as dû éprouver, toi, qui étais plus étroitement lié que moi avec lui. Voilà, cher, comme on est sûr de se revoir quand on se quitte, et, bien qu'il n'y ait rien de plus banal, il n'y a rien de plus terriblement nécessaire que de mettre au bas de chacune de ses lettres :

Adieu, cher ami, adieu; je t'embrasse comme je t'aime, c'est-à-dire en ami comme un frère : j'espère toujours que nous nous reverrons.

Adieu, tout à toi de cœur.

CHARLES GOUNOD.

V

MONSIEUR CHARLES GOUNOD,

47, rue Pigalle, Paris.

19 novembre.

Mon cher Gounod,

Je viens de lire très attentivement vos chœurs d'*Ulysse*. L'œuvre, dans son ensemble, me paraît fort remarquable et l'intérêt musical va croissant avec celui du drame. Le double chœur du Festin est admirable et produira un effet entraînant s'il est convenablement exécuté. La Comédie-Française ne doit ni ne peut lésiner sur vos moyens d'exécution. La musique seule, selon moi, attirera la foule pendant un grand nombre de représentations. Il est donc de l'intérêt le plus direct, le plus commercial, du directeur de ce théâtre, de faire au compositeur la part large dans les dépenses et la mise en scène d'*Ulysse*; et je crois qu'il la lui fera telle. Mais ne faiblissez pas. *Il faut ce qu'il faut*, ou rien. Prenez garde aux chanteurs que vous chargerez de vos *solos* : un solo ridicule gâte tout un morceau.

A la page marquée d'une corne, se trouve une faute de ponctuation dans la musique du commencement d'un vers que je vous engage à corriger. *Les honnêtes gens* ne doivent pas scander ainsi ; laissons cela aux pacotilleurs.

Mille compliments empressés et bien sincères.

Votre tout dévoué,

H. BERLIOZ.

VI

A MONSIEUR HECTOR LEFUEL,

Rue de Tournon, 20, Paris.

Mon cher Hector,

Je suis allé chez toi, il y a environ un mois, pour t'informer d'un événement très important et à la connaissance duquel ton vieux titre d'ami et de *père* te donnait un droit spécial. Je vais me marier, le mois prochain, avec mademoiselle Anna Zimmerman. — Nous sommes tous on ne peut plus contents de cette union, qui nous paraît offrir les plus sérieuses assurances de bonheur durable. La famille est excellente, et j'ai l'heureuse chance d'y être aimé de tous les membres.

Je suis sûr, cher ami, que tu vas t'associer de tout ton cœur à cette nouvelle joie : elle sera momentanément troublée, cependant, par le souvenir cruel pour notre pauvre Marthe[1] du même bonheur qu'elle a goûté et qu'elle pleure maintenant tous les jours. Dieu veuille que ma nouvelle compagne la dédommage par son affection du mal involontaire que sa joie aura ré-veillé dans le cœur de sa nouvelle sœur ! Ce sera, j'espère, ainsi : car ces deux excel-lentes natures se sont déjà bien sympa-thiques.

Adieu, cher Hector ; tout à toi de cœur.

CHARLES GOUNOD.

Mes respects affectueux à madame Le-fuel.

[1]. La veuve de son frère.

VII

A MONSIEUR PIGNY [1],

rue d'Enghien, Paris.

La Luzerne, mardi 28 août 1855.

Mon bon et cher Pigny,

Dans la lettre que je reçois d'elle aujourd'hui, ma mère me parle, avec la reconnaissante émotion d'un cœur qui s'y connaît, des attentions toutes filiales que vous lui avez témoignées depuis mon départ et des précautions délicates dont vous lui avez offert d'entourer, par votre assistance personnelle, son déménagement de la campagne, pénible à ses années déjà lourdes, si réduit qu'il soit par la simplicité de ses habitudes et de sa vie.

1. M. Pigny, architecte, avait épousé, lui aussi, une fille de Zimmerman.

Vous qui avez, dit-on, une mère Dévouement, une mère Abnégation (j'emploie les noms à dessein, car les épithètes ne suffisent pas pour ces sortes de cœur-là), vous me comprendrez si je vous dis que donner à ma mère, c'est me donner, à moi, ce qui m'est le plus doux et le plus cher : car c'est me suppléer et m'aider dans une œuvre que je n'accomplirai jamais selon mon cœur, c'est-à-dire lui rendre une faible partie de ce que sa longue, digne et laborieuse existence m'a prodigué de soins, de sacrifices, d'inquiétudes, de dévouements de tout genre; en un mot, nous avons été toute sa vie, elle n'aura été qu'une portion de la nôtre!...

Croyez, mon cher Pigny, que je suis profondément touché de voir votre âme déjà si parente pour moi, et rien, avec l'affection unanime qu'on vous porte ici, ne pouvait vous donner plus de titres et plus

de droits à la mienne que la pieuse déférence dont vous avez fait si cordialement
l'hommage à ma vénérée et bien-aimée
mère.

CHARLES GOUNOD.

VIII

Varangeville, dimanche 4 septembre 1870.

Mes chers enfants,

Notre chère grand'mère est, et cela se
comprend de reste, fort indécise sur le parti
qu'elle doit prendre. Les nouvelles qui
circulent ce matin, si elles sont exactes,
nous annoncent des désastres. Vous savez
que la bonne Luisa Brown a fait auprès
de grand'mère des offres *instantes* et *réitérées*
de l'abriter chez elle, à Blackheath, jusqu'à
ce qu'elle trouvât une installation, et que

ces offres se rapportent nominativement aussi à *vous* comme à *nous.*

Dans ces conjonctures, je me sens une très grande responsabilité. Engager ou dissuader me paraît également grave : je voudrais que notre cher Pigny me fît connaître là-dessus son sentiment. Quant au mien, le voici :

Si la fortune adverse veut que la Prusse triomphe (ce qui ne m'a jamais paru si facile que cela), et si la France doit être humiliée sous la conquête étrangère, j'avoue que je ne me sens pas le courage de vivre sous le drapeau ennemi. Or, si la captivité de l'Empereur, la défaite de Mac–Mahon, et la perte de quatre–vingt mille hommes sont des faits certains, je pense que la France est, en ce moment, assez exposée pour que ce soit un devoir pour moi de conduire *provisoirement* à Londres notre mère, ma femme et mes deux enfants.

Parle, mon Pigny, je t'écoute des deux oreilles.

CHARLES GOUNOD.

IX

8 Morden Road, Blackheath, near London.

Oui, mon ami, tu as raison : c'est une chose honteuse que les propositions de paix rêvées par la Prusse! Mais, Dieu merci, la honte de ces propositions reste tout entière à celui qui les a faites; la gloire est pour qui les repousse.

Ainsi que toi, je me sens, je ne dirai pas humilié, mais navré jusqu'au fond de l'âme de l'horrible fortune qui s'abat aujourd'hui sur notre pauvre chère France! C'est au point que je me demande, à toute heure du jour, si le devoir de ceux qui ont l'honneur et le bonheur de la défendre n'est pas plus léger à porter que celui que toi et moi nous accomplissons de notre côté, et que nul de nous ne voudrait remplir s'il devait lui en monter le rouge au visage. Hélas! mon pauvre ami, fût-ce dans cette seule page de son histoire, la France a trop vaillamment répandu son sang généreux pour que la honte de ceux qui ne songent qu'à *se* mettre en sûreté pour leur propre compte rejaillisse sur d'autres que sur eux-mêmes. Mais aujourd'hui la gloire d'une victoire (pour la première fois peut-être au monde!) revient aux machines plus qu'aux hommes, et les désastres d'une défaite seront jugés dans la même balance. La Prusse n'a pas été plus brave que nous, c'est nous qui avons été plus malheureux qu'elle!

Tu sais, et je te le répète, que si tu te décidais à rentrer par une porte de Paris, je ne t'y laisserais pas rentrer seul : — la *famille*, ce n'est pas seulement de *dîner* ensemble!...

Nous voici maintenant, cher ami, dans

notre nouvelle habitation, après dix-huit jours passés au sein d'une sérieuse et sincère hospitalité. Il y a des Anglais qui, pour les Français, ne sont pas l'*Angleterre* : la part que nos dignes et excellents Brown prennent à notre détresse est là pour le prouver.

Toutefois, la tranquillité extérieure que nous sommes venus chercher ici est loin de nous tranquilliser au dedans. Plus cette effroyable sanglante guerre d'orgueil et d'extermination se prolonge, plus je sens ma vie se consumer de deuil pour mon pauvre pays, et tout ce qui me détourne de ce regard triste que je ne puis détacher de ma France m'irrite comme une injure, loin de me soulager comme un bienfait.

Malheureuse terre ! misérable habitation des hommes, où la barbarie n'a pas encore cessé non seulement d'*être*, mais d'être *de la gloire*, et de faire obstacle aux rayons purs et bienfaisants de la seule vraie gloire, celle de l'*amour*, de la *science* et du *génie* ! Humanité qui en est encore aux difformités du chaos et aux monstruosités de l'âge de fer, et qui, au lieu d'enfoncer le fer dans le sol pour le bien des hommes, enfonce le fer dans le cœur des hommes pour la possession du sol ! Barbares ! Barbares !...

Ah ! cher ami ! je m'arrête : car je ne m'arrêterais pas de chagrin !... Les santés que j'ai près de moi et que nous aimons sont bien : que n'avons-nous pu les cacher un peu moins loin ! — dans Paris !...

CHARLES GOUNOD.

X

Mercredi, 12 octobre 1870,
8 Morden Road, Blackheath Park, near London.

Mes chers amis,

Puisque la correspondance est la seule ressource qui nous soit laissée pour combattre l'épreuve de la séparation, on ne saurait trop l'employer tant que les circonstances le permettent : car sait-on, hélas ! si ce qui est possible aujourd'hui le sera encore demain? Nous avons donc réglé avec grand'mère que nous ferions à tour de rôle le service de Varangeville pendant le temps que vous y séjournerez; j'entre en fonctions aujourd'hui.

Mon cher Pi, je viens de lire dans un journal français que le sous-préfet de Dieppe avait fait afficher un arrêté interdisant la sortie de France à tout citoyen âgé de moins de soixante ans. Te voilà donc interné chez nous, non plus seulement par ta propre volonté, mais par ordre des autorités. Mais moi, qui me trouve hors de France, et dont le départ a eu lieu avant toute défense de ce genre, je voudrais savoir de toi si le décret en question se trouve, ou non, accompagné de quelque

autre mesure complémentaire qui me semble
en être la conséquence ou plutôt la cause et
le principe logique, c'est l'*appel au service*
pour tous les hommes valides au-dessous
de soixante ans : car je ne comprendrais
pas une interdiction de quitter la France
s'appliquant à des hommes dont on ne
voudrait pas se servir pour défendre le
pays.

Je te demande donc, à ce sujet, les renseignements les plus officiels que tu puisses
obtenir. Je ne te laisserai pas prendre ton
fusil sans en prendre un à côté de toi, et,
quoique je ne sois pas chasseur, je ne serai
pas encore assez maladroit pour te tuer,
sois tranquille. Chacun de nous deux *doit*
être près de l'autre, dès que l'un des deux
est exposé, je te l'ai déjà dit, et l'humeur
peu militaire dont je suis doué n'a rien à
voir ni à réclamer là dedans. Ce que j'ai
fait, je l'ai regardé comme un devoir *absolu*,

qui ne serait plus qu'un devoir *relatif*, et
par conséquent *moindre*, et par conséquent
nul, dès qu'un autre viendrait le primer.

Notre chère pauvre patrie est dans une
situation bien grave, et n'a encore, que je
sache, rien traversé de pareil. Jamais les
deux grands problèmes de la lutte à l'extérieur et de l'union à l'intérieur ne se sont
posés avec la même urgence et dans de
semblables proportions. Je suis convaincu
de l'unité *actuelle* à l'intérieur, contre l'ennemi commun. Est-elle temporaire ou
durera-t-elle après l'issue du combat, quelle
qu'en soit la fin ? voilà la question. Vaincus
ou victorieux, serons-nous, oui ou non, la
France républicaine? En tout cas, quelles
que soient la résistance et la destinée de
Paris, il me semble que la France mettra
du temps à être dévorée; c'est un gros morceau, et son unité ne sera peut-être pas si
commode à déraciner.

Allons, je vous embrasse pour nous tous. Mille bonnes amitiés à vos chers hôtes, et mes très affectueux respects à M. le curé, que je n'oublie jamais.

CHARLES GOUNOD.

XI

19 octobre 1870, midi et demi.

Chers amis,

Nous allons sortir dans un instant avec madame Brown qui va venir nous prendre en voiture pour nous conduire au Palais de Cristal, dont les eaux jouent aujourd'hui pour la dernière fois et qu'elle veut absolument nous faire voir. Tu juges, mon Pigny, si mes yeux seront bien occupés de ce qui sera devant eux ! Je ne vois plus que *notre patrie* ! Je la *vois*, plus encore, plus obstinément que si j'y étais !

15

Ah ! mon pauvre ami ! qui se lèvera donc pour tracer au courage français une conduite *compacte* sans laquelle ce courage, *même héroïque*, ne peut rien ! Tu le vois : tous, les uns après les autres, tombent, *un à un, un par un*, comme par une fatalité *inouïe*, dans la gueule de ce géant *organisé*, de cette hydre d'artillerie ; tous font naufrage dans cet océan ennemi ; tous vont échouer avec une intrépidité infatigable devant cette montagne toujours croissante de canons, et de bombes, et d'obus, et d'engins inattendus, et de bataillons tout prêts qui semblent sortir de terre partout où l'ennemi en a besoin !

Et pendant ce temps-là, on destitue nos généraux, on les change de poste, on les laisse sans instruction, on les livre au petit bonheur de leur inspiration personnelle et privée!... Trois mille cinq cents hommes se font hacher pour défendre tant bien que

mal, et jusqu'à extinction, une gare d'Or-
léans, sans savoir qu'ils ont trente-cinq
mille hommes devant eux !

Mais c'est de la démence que de prodi-
guer ainsi, dans les ténèbres de l'improvi-
sation et du hasard, le sang, le courage,
l'héroïsme de ces braves ! C'est TOUS
qu'il faudrait être maintenant devant la
Prusse ! TOUS, ou PAS UN ! Et ce qui
m'étonne, c'est que l'urgence d'une loi
n'ait pas appelé, il y a un mois, sous le
même drapeau (celui, non seulement de la
France, mais de l'humanité), trois millions
de Français, et trente mille canons pour
repousser une invasion non d'*hommes*,
mais de machines !...

Voici madame Brown qui arrive ! Adieu !
à bientôt !

CHARLES GOUNOD.

XII

8 Morden Road, Blackheath Park,
Mardi, 8 novembre 1870.

Mon Édouard,

Voici encore que nous allons changer
de domicile : nous quittons Morden Road
samedi pour aller nous installer à Londres,
où il va être indispensable que je sois pour
mon travail et mes affaires. Il va falloir se
remettre à l'*œuvre* et à la vie *utile*, car je
ne peux pas me laisser plus longtemps étein-
dre et anéantir dans une tristesse sans fin
et sans fruit ! Un mois de plus et je serais
incapable de quoi que ce soit.

Si je peux produire et vendre, je vendrai ;
si je suis obligé de donner des leçons, j'en
donnerai : car, hélas ! l'armistice se gâte,
et ce que sera l'hiver chez nous, personne

ne le sait. Voilà donc notre pauvre volière dispersée, mon ami ! Non les cœurs, mais les yeux et « je ne suis pas de ceux qui disent : ce n'est rien !... je dis que c'est beaucoup ! » — comme le bon La Fontaine.

Dis à mon cher petit Guillaume combien ses lettres sont précieuses, non seulement au cœur de sa grand'mère, mais à la tendresse de son oncle, qui cherche et suit, avec une sollicitude que j'oserai presque appeler maternelle, la trace de tous ses sentiments, les élans de sa nature, les éléments de son avenir, le mouvement de sa pensée, tout cet ensemble enfin se composant en nous de ce qui *persiste* et de ce qui *se transforme*. Tout ce que je vois en lui est bien bon et de bien bon augure, et les graves et tragiques événements dont le tumulte accompagne son entrée dans la vie auront donné à toutes ses qualités l'âge que la paix leur eût peut-être donné vingt ans plus tard.

Tout le monde va bien. Jean et Jeanne embrassent tendrement leurs oncle et cousin.

CHARLES GOUNOD.

XIII

Mon cher Pi,

Voilà donc encore une fois nos espérances trompées par la rupture définitive de cet armistice aux chances duquel il me semble que M. Thiers avait apporté toutes les garanties d'un négociateur consommé, et le gouvernement toutes les concessions où peut descendre un peuple qui se respecte. — Et maintenant, que va-t-il se passer? Hélas! je suis bouleversé d'y songer! Mais, si je ne puis ni détacher ni détourner mon cœur des malheurs de notre cher pays, je sens qu'il faut absolument faire appel à mon travail, à mon devoir, à mon activité *utile*; utile aux miens (car il faut les nourrir), — utile à moi-même, car il faut que je me tire de cette agonie à distance qui dure depuis notre arrivée ici, et qui me submergerait comme un déluge si je n'employais pas les forces qui me restent à *réagir*, moi aussi, contre cette *invasion de mon territoire moral.*

Je vais donc, en présence des événements qui me paraissent rendre impossible d'ici à quelque temps, la perspective d'un retour en France, employer mon hiver à terminer ou du moins à avancer mon œuvre[1], afin que, quand les eaux se seront retirées, je puisse ouvrir mon arche, et en laisser envoler cette colombe (qui ne sera peut-être qu'un corbeau), mais qui,

---

1. *Polyeucte.* — C'est aussi à ce moment que Gounod écrivit *Gallia.*

en tout cas, marquera pour moi le retour de l'arc-en-ciel et de la tranquillité des nations. — Que ne pouvons-nous vous avoir près de nous, mes chers amis ! Quelle dispersion que la nôtre, cet hiver !

CHARLES GOUNOD.

XIV

Londres, 24 décembre 1870.

Chers amis,

Nous voici à la veille d'un grand jour, qui est le jour de l'an des Anglais ; et j'avoue qu'à mes yeux cette fête de Noël, qui nous ramène à la plus grande date de notre histoire, commence la véritable année humaine bien autrement que notre jour de l'an.

Hélas ! quel que soit celui des deux que nous considérions comme tel, chers amis, quelle douloureuse année que celle qui va s'achever pour nous tous et pour chacun de nous, séparés les uns des autres, après tant de malheurs accomplis, au milieu de tant d'angoisses toujours présentes, et dans l'attente de ce qui peut survenir encore! *Depuis cinq mois le cœur n'a pas cessé un jour de gémir et de souffrir !* Depuis cinq mois, l'humanité contemple l'épouvantable spectacle de la destruction la plus acharnée dans un siècle qui s'est pompeusement drapé lui-même dans ce mot de *progrès*, et qui va laisser à l'histoire le souvenir des plus odieuses atrocités ! Qu'est-ce donc que le progrès, si ce n'est pas la marche de l'intelligence à la lumière de l'amour? Et ce siècle, qu'aura-t-il fait, je ne dis pas pour le plaisir, mais pour le *bonheur* de l'humanité? Napoléon Ier, Napoléon III, Guillaume de Prusse, Waterloo, les mitrailleuses, le canon Krupp !...

Sur quelles ruines nous nous reverrons !... Elles ont séparé nos corps, mais
non pas nos cœurs ; bien au contraire ! il
semble que ce rude et sévère apprentissage
doive nous rapprocher plus du centre de
tout ce qui est vrai, solide et sûr dans la
vie. Je vous envoie donc à tous un cœur
plus tendre et plus attaché à travers l'absence qu'il ne l'a jamais été dans des temps
meilleurs ! Tous, nous serons plus pénétrés
de nous revoir que si nous ne nous étions
pas quittés. J'embrasse chacun de vous,
Berthe, le cher Pi, nos amis, du meilleur de
mon cœur.

CHARLES GOUNOD.

XV

Le 25 décembre 1870.

Mon Édouard,

C'est un triste jour de l'an que celui que
nous allons traverser si loin les uns des

autres, et séparés depuis si longtemps!
Plus de foyer, l'éloignement des siens,
l'absence et la dispersion des amis, l'angoisse de tout instant sur le sort, la santé,
la vie de ceux qu'on aime, des existences
fauchées par milliers, des carrières anéan-
ties, suspendues ou entravées, des familles
ruinées, des provinces ravagées, et au bout
de tout cela une solution encore inconnue :
voilà le bilan et le testament de l'année
qui va mourir après avoir englouti tant de
victimes et répandu tant de désastres! Voilà
le résultat *actuel* du Progrès humain. Si
c'est aux fruits qu'on juge l'arbre, et si,
comme cela est incontestable, la valeur
des causes doit se mesurer à celle des effets,
il faut reconnaître que, pour en arriver
où nous sommes, la sagesse humaine a dû
faire bien fausse route, et que cette raison,
de l'émancipation de laquelle nous sommes
si jaloux, n'a pas de quoi se montrer bien

fière de son indépendance et de ses enseignements! Si tant de malheurs ont pu nous instruire et nous ramener à la simplicité du vrai, et au vrai de la simplicité, tout ne sera pas perdu, et quelque chose de précieux et de salutaire y aura été gagné, car tout se tient ici-bas, les conséquences du faux comme celles de la vérité; telle la sève, tel le fruit.

Que va nous apporter 1871? Je ne le sais; mais il me semble que ce devra être, en bien ou en mal, une année décisive, non pas pour nous seulement, mais pour l'Europe, pour ce qu'on nomme le monde civilisé. Il faut enfin savoir à quoi s'en tenir; il est temps que les nations soient fixées sur ce qui doit les faire vivre ou mourir, les rendre fortes ou faibles, leur donner la lumière ou l'ombre, les sauver des expédients pour les asseoir sur des fondements solides et durables. Les sciences font ainsi : la politique est une science ; elle doit avoir sa base et ses procédés de construction... Enfin !... Mille tendresses d'Anna et de grand'mère.

CHARLES GOUNOD.

XVI

Jeudi, 16 mars 1871.

Ma Berthe,

C'est seulement ce matin que nous recevons votre lettre du 13. Elle nous afflige profondément : le départ de notre chère mère, les motifs qui le lui conseillent et même le lui imposent, la pensée de tout ce qu'elle va revoir d'affligeant pour son cœur, l'espoir déçu de vous posséder ici quelque temps, tout cela va clore tristement un hiver si tristement rempli !

Si l'engagement que j'ai contracté pour le 1er mai ne me retenait à Londres jusque-là, je serais parti ainsi qu'Anna et mes enfants, avec notre mère. Le devoir, représenté par quelques morceaux de pain à gagner, m'enjoint de ne pas partir encore; mais la première huitaine de mai ne s'achèvera pas sans que nous soyons en route pour aller vous retrouver. Malgré l'accueil très honorable et la situation artistique que mes œuvres m'ont faite ici, je sens que ce pays n'est pas ma France : et comme je suis beaucoup plus humanitaire qu'autre chose, je crois que ma nature et mes habitudes françaises sont trop âgées pour se plier à une transplantation. Je mourrai *Français* malgré tout. Ce n'est qu'à des temps encore loin de nous, qu'il sera donné de faire prédominer dans l'homme la *patrie de la Terre*, sur la *terre de la Patrie*.

Je vous embrasse tous deux du fond du cœur.

CHARLES GOUNOD.

XVII

Londres, 14 avril 1871.

Cher ami,

Ta lettre du 12 m'arrive à l'instant, et je me mets de suite en devoir d'y répondre, dans l'espoir que celle-ci arrivera peut-être à temps à Versailles pour t'y recevoir à ta rentrée dans la chère maison fraternelle [1], et que tes deux frères pourront fêter ton retour chacun à leur façon, l'un par la paix de son jardin, l'autre par quelques lignes venues d'outre-mer; l'un en t'ouvrant sa porte, l'autre en t'ouvrant ses bras; tous deux en t'ouvrant leur cœur, où tu sais la place que tu occupes!

Hélas! mon ami, mon cher frère, j'en-

1. Chez Édouard Dubufe.

tends comme toi cet horrible canon dont le grondement te navre et te désespère à si juste titre! En suivant pas à pas la marche des événements et les diverses phases du conflit ou plutôt de la pétaudière qui les produit et qui les entretient, j'en arrive à sentir tomber une à une, je ne dirai pas mes illusions (le nom ne serait pas digne de la chose et n'en vaudrait pas le deuil!...) mais mes espérances, au moins actuelles ou prochaines, sur l'avènement d'un nouvel *étage* dans la construction de cette maison morale qu'on appelle *la Liberté*, et qui est pourtant la seule habitation digne de la race humaine.

Non, je le répète, ce ne sont pas des illusions qui disparaissent : la Liberté n'est pas un rêve ; c'est une terre de Chanaan, une véritable *Terre promise*. Mais, nous ne la verrons encore que de loin, comme les Hébreux : pour y entrer, il faut que nous devenions le peuple de Dieu. La Liberté est aussi réelle que le ciel : c'est un ciel sur la terre; c'est une patrie des élus; mais il faut la mériter et la conquérir, non par des tyrannies, mais par des dévouements; non en pillant, mais en donnant; non en tuant, mais en faisant vivre moralement et matériellement. Moralement surtout, car, lorsque la besogne morale sera bien comprise, bien déterminée, la question matérielle ira de soi : l'hygiène de l'*homme* d'abord; puis ensuite celle de la bête. C'est la marche de la justice : c'est pourquoi c'est la marche logique.

Quand je repasse en moi-même où nous ont conduits (jusqu'à présent, du moins) toutes les générosités morales, tous les crédits de confiance dont l'humanité politique et sociale a été l'objet jusqu'à ce jour, je ne puis m'empêcher de reconnaître que l'homme a été traité en enfant gâté; je me demande si on n'a pas devancé, par une prodigalité imprudente et téméraire, la distribution opportune et sage de tous ces dons que l'*âge de majorité* est seul capable de comprendre et d'utiliser. Nous avons encore besoin de tuteurs ; et, maître pour maître, j'en aime mieux *un* que *deux cent mille :* on peut se délivrer d'un tyran (la mort naturelle, ce qu'on appelle *la belle mort*, peut s'en charger); mais une tyrannie collective, compacte, renaissant d'elle-même et s'alimentant sans cesse de ses victimes, dont elle se fait comme un engrais perpétuel, il est impossible que ce soit là le *plan* sur lequel Dieu a jeté le mouvement humain.

Maintenant, si on voulait presser toutes les conséquences de ceci, on arriverait à cette conclusion : « La Liberté n'est que l'accomplissement *volontaire* et *conscient* de la justice. » Et comme la justice est d'obéir à des lois éternelles et immuables, il s'ensuit que, pour être *libre*, il faut être *soumis*. Voilà la *fin* de tout argument et la *base* de toute vie... Je bavarderais longtemps là-dessus (et toi aussi); mais, je ne dois pas oublier que ma lettre ne sera pas seule sous cette enveloppe.

Je t'embrasse donc, toi et ta Berthe, de tout mon cœur.

Ton frère,

CHARLES GOUNOD.

XVIII

A. S. A. I. LA PRINCESSE MATHILDE

Mardi 6 janvier 1891.

Chère princesse,

Permettez-moi de proposer un toast à votre santé,

Pour la première fois nous avons l'honneur et la joie de vous voir assise à notre table.

Si c'est un honneur de recevoir la princesse, c'est surtout un bonheur de recevoir l'amie sûre, constante et dévouée qui a su se créer et retenir tant d'amis dont la fidélité fait votre éloge plus encore que le leur. Trop souvent, hélas! l'ingratitude des obligés se charge d'entretenir la mémoire des bienfaiteurs.

Il n'en est pas ainsi chez nous, princesse; et puisque l'occasion s'en présente, permettez-moi de rappeler devant ceux qui le savent et d'apprendre à ceux qui l'ignorent que si *le Médecin malgré lui*, le premier de mes ouvrages qui m'ait concilié la faveur du public, a vu le feu de la rampe, je le dois à votre entière et chaleureuse intervention qui a fait tomber les obstacles suscités par le ministre d'État et par la

Comédie-Française, et que vous avez mis le comble à nos bonnes grâces en acceptant la dédicace de cet ouvrage. Je suis sûr que vous avez moins de bijoux que de souvenirs de cette sorte, et qu'à vos yeux comme à ceux de vos amis, vos bienfaits sont la plus riche de vos couronnes.

A la santé de la princesse Mathilde.

CHARLES GOUNOD.

DE L'ARTISTE

DANS

LA SOCIÉTÉ MODERNE

L'extension prodigieuse que la vie moderne a donnée aux relations sociales a eu sur l'existence et les œuvres de l'artiste une influence considérable et, si je ne me trompe, plutôt funeste que salutaire.

Jadis, — et ce jadis n'est pas encore si loin de nous, — un artiste, non moins qu'un savant, était, et à juste titre, considéré comme appartenant à l'une des grandes corporations d'ouvriers de la pensée ; on voyait en lui une sorte de reclus dont la cellule était inviolable et sacrée ; on se faisait scrupule de l'arracher au silence et au recueillement sans lesquels il est bien difficile, sinon impossible, de concevoir et de produire des œuvres robustes, victorieuses du temps, ce juge redoutable qui « n'épargne pas ce qui se fait sans lui ».

Aujourd'hui, l'artiste ne s'appartient plus : il est à tout le monde ; il est plus qu'une cible, il est une proie. Sa vie personnelle et productive est presque tout entière absorbée, confisquée, gaspillée par les prétendues obligations de la vie sociale qui l'étouffent peu à peu dans le réseau de ces devoirs factices et stériles dont se composent tant d'existences dépourvues d'un but sérieux et d'un mobile supérieur. En un mot, il est dévoré par le monde.

Or, qu'est-ce que le monde ? C'est la collection des gens qui ont peur de s'ennuyer, et qui ne songent à sortir d'eux-mêmes que par crainte de se trouver en face d'eux-mêmes.

Lorsqu'on se prend à faire le décompte des heures prélevées sur le travail d'un artiste par la quantité toujours croissante des menues réquisitions qui se disputent et s'arrachent l'emploi de ses journées, on se demande par quel supplément d'activité, par quel effort de concentration, il peut trouver le temps d'accomplir son premier devoir, celui de faire honneur à la carrière qu'il a choisie et à laquelle appartiennent le meilleur de ses forces et le plus pur de ses facultés.

Il faut bien l'avouer, en faisant tomber devant l'artiste des barrières qu'une indifférence dédaigneuse, plus encore peut-être qu'une discrétion intelligente, avait longtemps élevées devant lui, la société moderne lui a causé un préjudice que ne saurait compenser aucun des attraits dont elle dispose.

Molière, qui a sondé d'un regard si profond et dessiné d'une main si ferme tous les travers de la vie humaine, adressait, sous ce rapport, au grand ministre Colbert, des réflexions pleines de la plus haute sagesse et de la plus saine philosophie:

L'étude et la visite ont leurs talents à part.
Qui se donne à la cour se dérobe à son art;
Un esprit partagé rarement s'y consomme,
Et les emplois de feu demandent tout un homme.

Qu'on imagine ce qui peut sortir d'un esprit incessamment écartelé par des soirées mondaines, par des dîners en ville, par des convocations perpétuelles à des réunions de toute sorte, par l'assaut d'une correspondance dont l'importunité ne lui laisse pas un instant de répit et dont les coupables ne songent guère à se dire : « Mais voilà un homme à qui je vole son temps, sa pensée, sa vie » ; enfin par ces mille petites tyrannies dont est faite la grande tyrannie de l'indiscrétion publique !

Et les visiteurs, cette foule d'inoccupés et de curieux qui assiègent votre porte du matin au soir ! On me dira : « C'est votre faute ; vous n'avez qu'à fermer votre porte. » A merveille ; mais alors, voici venir les lettres de recommandation, auxquelles il est souvent fort difficile de refuser le service qu'elles vous demandent ; en présence de quoi, on se résigne !... et voilà le visiteur introduit.

— Pardon, monsieur, je vous dérange !...

— Mais... oui, monsieur.

— Alors, excusez-moi ; je me retire ; je reviendrai une autre fois...

— Oh ! non !...

— Mais... quand peut-on vous voir sans vous déranger ?

— Monsieur, on me dérange toujours, quand j'y suis.

— Vraiment? vous êtes donc toujours très occupé?

— Toujours, quand on ne me dérange pas.

— Oh! que je suis donc fâché!... Mais je ne vous prendrai que quelques minutes...

— Mon Dieu, monsieur, c'est plus qu'il n'en faut pour décapiter un homme, voire même une idée; mais enfin puisque vous voilà, parlez.

C'est ainsi que les choses se passent journellement. Et je ne prends ici que l'artiste en général. Mais il y a une certaine catégorie d'artistes qui est, sous ce rapport, tout à fait privilégiée; j'en puis parler en connaissance de cause; c'est celle des musiciens.

Le peintre, le statuaire, abritent aisément leur journée de travail sous une con-

signe implacable : la séance du modèle ;
et encore peuvent-ils, à la rigueur, continuer
à tenir le pinceau ou l'ébauchoir en présence des visiteurs. Mais le musicien !...
Oh ! le musicien, c'est bien différent. Comme
il peut travailler pendant le jour, on lui
prend ses soirées pour l'amusement des
salons ; et comme il peut travailler le soir,
on lui dépense, on lui émiette ses journées
sans le moindre scrupule. D'ailleurs, c'est
si facile, la composition musicale ! cela
n'exige aucun travail ! cela vient tout seul,
d'inspiration.

On ne se figure pas le nombre incalcu-
lable des sollicitations indiscrètes auxquelles
un musicien est quotidiennement en butte.
Tout ce qu'il y a de jeunes pianistes, vio-
lonistes, vocalistes, compositeurs, rimeurs
(lyriques ou non lyriques), de professeurs,
d'inventeurs de méthodes, théories, systèmes
quelconques, de fondateurs de périodiques

qui vous persécutent de leurs offres d'abonnement, — sans compter les demandes d'autographes, de photographies, les envois d'albums et d'éventails, et mille autres choses encore, — tout cela constitue cette épouvantable obsession qui fait du musicien une sorte de *propriété nationale* ouverte au public à toute heure du jour.

En un mot, ce n'est plus notre maison qui est dans la rue, c'est la rue qui traverse notre maison ; la vie est livrée en pâture aux oisifs, aux curieux, aux ennuyés, et jusqu'aux *reporters* de tout genre qui pénètrent dans nos intérieurs pour initier le public, non seulement à l'intimité de nos entretiens confidentiels, mais encore à la couleur de nos robes de chambre ou de nos vestons de travail.

Eh bien ! cela est mauvais et malsain. Cette précieuse et délicate pudeur de conscience, qui ne s'entretient que par le recueillement, se décolore et se fane, chaque jour davantage, au contact de cette perpétuelle cohue, d'où l'on ne rapporte plus qu'une activité superficielle, haletante, fiévreuse, qui s'agite convulsivement sur les ruines d'un équilibre à jamais rompu. Adieu les heures de calme, de lumineuse sérénité qui seules permettent de voir et d'entendre au fond de soi-même; peu à peu délaissé pour l'agitation du dehors, le sanctuaire auguste de l'émotion et de la pensée n'est bientôt plus qu'un cachot sombre et sourd, dans lequel on meurt d'ennui faute d'y pouvoir vivre de silence.

Si, du moins, le temps qu'on donne était toujours utilement donné! Si on ne se dépensait que pour des êtres capables ! Si on n'encourageait que des êtres courageux! Mais que de peines perdues! Que de conversations creuses ! Que de non-valeurs qui flottent à la surface de cet océan de relations sans y apporter rien, sans en retirer rien !

En somme, la plaie véritable, la plaie par excellence, ce sont les gens qui *s'ennuient*, et qui, de peur que le temps ne les tue, viennent tuer celui des autres.

S'ennuyer ! Être son propre ennui ! S'ingénier, par tous les moyens imaginables, à s'enfuir de soi-même ! Y a-t-il, au monde, un dénûment comparable à celui-là, et quelle compensation à ce qu'on leur donne peut-on attendre des gens qui s'ennuient ?

Il y a une quantité d'opinions courantes dont on se donne rarement la peine de vérifier le contenu et qui forment le vaste patrimoine des absurdités admises. L'une d'elles consiste à croire, ou plutôt à persuader que la sympathie et la protection du monde sont nécessaires pour *arriver*.

Il faut vraiment avoir bien peu ressenti la vivifiante atmosphère d'une fidèle conviction pour céder à une illusion pareille ou pour y demeurer.

La protection du monde ! Mais elle n'est pas seulement incertaine ; elle est ce qu'il y a de plus inconstant, de plus versatile ; et ce qui est encore plus assuré, c'est qu'il ne l'offre, d'ordinaire, qu'à ceux qui n'en ont plus besoin, à l'exemple de ces courtisans qui, dans un opéra célèbre, accablent de leurs offres de services un jeune seigneur devenu en un instant l'objet de faveurs royales.

Ah ! quand l'*existence* a pris la place de la *vie*, doit-on s'étonner que le *paraître* prenne la place de l'*être*, et le *savoir-faire* celle du *savoir* ?

Dès que le Dieu caché, le Dieu dont le règne est au dedans de nous, dès que Celui-là est absent, il faut bien se fabriquer des idoles. De là, tant d'artistes préoccupés de se répandre, de se montrer partout, de s'appuyer sur ce bâton fragile de la réclame dont les débris jonchent la pénible route de tant d'âmes sans ferveur et de tant d'ambitions vulgaires.

Il n'y a qu'une protection dont il faille se mettre en peine, parce que c'est la seule qui en vaille la peine, c'est celle de l'absolue sincérité en face de soi-même; c'est de placer l'œuvre extérieure sous la garde de l'œuvre vécue, la parole sous la garde de la pensée. Peu importe, après cela, le conflit des jugements pour ou contre. Les œuvres ne communiquent que la somme de chaleur qui les a fait éclore et qu'elles conservent toujours; mais il faut le temps d'allumer son feu et de l'entretenir. C'est pour cela qu'un compositeur illustre avait mis sur sa porte cette inscription significative : « Ceux qui viennent me voir me font honneur, ceux qui ne viennent pas me font plaisir. » En d'autres termes : Je n'y suis jamais.

Voici une autre banalité, également accueillie avec faveur, et dont le cliché fournit un tirage considérable :

— Vous vous tuerez ! vous travaillez trop ! il faut vous reposer ; venez donc nous voir ; cela vous fera du bien, cela vous distraira !...

Cela me distraira ! Hé ! c'est justement ce dont je me plains et ce dont on ne se charge que trop !... *Se distraire*, à un moment donné, librement choisi, à la bonne heure ; mais *être distrait*, à contre-temps, c'est être désorienté, déraciné.

Le travail, une fatigue ! le travail, un danger ! Ah ! qu'il faut peu le connaître pour lui faire une pareille injure ! Non, le travail n'a ni cette ingratitude ni cette cruauté ; il rend au centuple les forces

qu'on lui consacre, et, au rebours des opérations financières, c'est ici le revenu qui
rapporte le capital.

S'il est au monde un travailleur occupé
sans relâche, — et Dieu sait de combien
de façons, — c'est assurément le cœur : de
la régularité permanente de ses battements
dépend celle de notre respiration, ainsi que
la circulation de ce sang qui charrie et
distribue à chaque organe, avec un discernement si merveilleux, les divers éléments
nécessaires à l'entretien de leurs fonctions ;
et tout ce magnifique ensemble se déroule
jusque pendant notre sommeil, sans un
moment de trêve.

Que dirait le cœur, si on lui conseillait,
à lui aussi, de ne pas travailler tant que cela,
de prendre un peu de repos, de se distraire,
enfin ?

Or le travail est à la vie de l'esprit ce
que le cœur est à la vie du corps; c'est la

nutrition, la circulation et la respiration de l'intelligence.

Comme toutes les espèces de gymnastique, il n'est une fatigue que pour ceux qui n'y sont point exercés. On a présenté le travail comme un châtiment et une peine; il est une béatitude et une santé. Voyez une terre cultivée et fertile auprès d'une terre en friche, et dites si l'aspect de la joie et du bonheur n'est pas du côté de la culture et de l'abondance.

Non, ce n'est pas le travail qui tue, c'est la stérilité; la fécondité, voilà la jeunesse et la vie.

Je ne voudrais pas, cependant, que l'on me crût tellement quinteux, chagrin, misanthrope, que de considérer l'artiste comme une sorte de loup-garou. Assurément, et je le reconnais sans peine, en élargissant ainsi le cercle des relations, la société moderne a multiplié pour l'artiste les occa-

sions de contact entre les différentes classes
sociales et de rencontres souvent charmantes, parfois même fort utiles. Mais,
encore un coup, qu'est-ce que cela, au
prix de ces heures de tranquillité délicieuse,
j'allais dire d'espérance divine, pendant
lesquelles on attend — et d'une attente
moins qu'on ne croit sujette à déception—
la visite d'une émotion vraie ou d'une
vérité émouvante ? Qu'est-ce que tout
l'éclat du dehors comparé à la lumière
intime, sereine et chaude de ce cher Idéal
qu'on poursuit toujours sans jamais l'atteindre, mais qui nous attire jusqu'à nous
faire croire que c'est lui qui nous aime,
bien plus encore que nous ne l'aimons ?
Dès lors, ne devine-t-on pas quelle épreuve
on inflige à un malheureux qu'on fait sortir
d'un temple pour le conduire dans un
palais, fût-il cent fois plus brillant que ceux
des Mille et une Nuits ?...

Chacun se rappelle le mot célèbre d'un de nos plus grands poètes :

Mon verre n'est pas grand, mais je bois dans mon verre.

Il ne s'agit pas, en effet, que tous les verres soient de même grandeur ; l'essentiel est qu'ils soient toujours pleins. Un nain, tout couvert d'or, se trouverait aussi bien partagé qu'un géant, si, pour tous deux, le bonheur suprême consistait à être tout couvert d'or. C'est l'ingénieuse comparaison imaginée par saint François de Sales au sujet des élus, pour expliquer l'égalité du bonheur dans l'inégalité de la gloire ; comparaison si fine et si juste qu'on peut l'appliquer à tous les degrés de la vie et à toutes les formes de la perfection.

Il n'est pas donné à chacun d'être un de ces fleuves majestueux dont les eaux répandent partout la fertilité sur leur passage ;

mais le plus humble ruisseau, si l'onde en est pure et limpide, reflète le ciel aussi bien que les plus vastes rivières et que les profondeurs de l'Océan.

« Je le conduirai dans la solitude, et là je parlerai à son cœur », dit un prophète hébreu.

L'excellent auteur de l'*Imitation* exprime ainsi la même pensée : « L'habitude de la retraite en augmente le charme. »

— Enfin, dit-on encore avec un air gracieux, que voulez-vous ? ce sont les inconvénients de la célébrité !...

Autre formule dont il serait grand temps de faire justice : car, en conscience, être dévoré parce qu'on n'est plus ignoré, voilà qui est un bénéfice médiocrement enviable.

On ne saurait assez le redire : ce n'est pas la *personne* de l'artiste qui appartient au monde ; ce sont ses *œuvres :* or, point d'œuvres fortes, homogènes, durables, avec un travail constamment interrompu et morcelé. Que le monde se pénètre donc de ce dernier conseil adressé par Molière à l'illustre ministre de qui je parlais tout à l'heure :

Souffre que, dans leur art, s'avançant chaque jour,
Par leurs ouvrages seuls ils te fassent la cour.

Une trop large part accordée aux relations sociales expose encore l'artiste à un autre danger duquel il n'est peut-être pas inutile de dire deux mots.

A force d'entendre bourdonner autour de lui tant d'opinions diverses, d'éloges, de critiques, d'engouements pour telles productions en vogue, l'artiste en arrive insensiblement à douter de lui, de sa nature, des dictées de son émotion personnelle, qui lui indiquait la route à suivre, et il finit par se sentir dans un dédale inextricable ; la voix de son guide intérieur disparaît dans le bruit de ce tourbillon, et c'est aux caprices d'une faveur inconstante comme la mode qu'il mendie vainement le point d'appui qu'elle ne peut donner. On dit : « Qui n'entend qu'une cloche n'entend qu'un son. » Cela dépend du métal et de la fonte de la cloche, qui, lorsqu'elle est parfaite, donne une admirable série de vibrations harmoniques. Mais entendre à la fois toutes les cloches, quelle horrible cacophonie!

Lorsque, par un de ces temps d'orage qui rendent la respiration pénible et oppressée, nous disons qu'il fait lourd, nous employons un terme inexact ; il fait, au contraire, très léger : ce que nous appelons pesanteur n'est qu'une raréfaction, un déficit de la quantité d'air dont nous avons besoin pour respirer librement.

Il en est de même de l'atmosphère intellectuelle. Le savant, l'artiste, le poète et bien d'autres encore ont, eux aussi, leur atmosphère spéciale, et, par conséquent, leurs conditions spéciales de respiration et d'asphyxie : gardons-nous de les enlever à l'élément qui les fait vivre, et de les étouffer sous ce que Joseph de Maistre a si justement appelé « l'horrible poids du rien ».

Oh ! je le sais et je le confesse ; l'artiste est un être à part, singulier, anormal, bizarre : c'est un original. D'accord. S'il en fait souffrir, il en souffre aussi, et souvent beaucoup plus qu'on ne croit. Mais, après tout, c'est peut-être à ce qu'il est qu'il faut s'en prendre de ce qui lui manque, comme, peut-être aussi, est-ce un peu à ce qui lui manque qu'il doit ce qu'il vaut. Prenons-le donc pour ce qu'il est, laissons-le être tel qu'il est ; c'est le seul moyen de le laisser *devenir* tout ce qu'il *peut être*.

L'ACADÉMIE DE FRANCE
A ROME [1]

Au moment où, sous le masque d'un soi-disant *naturalisme* dans l'art, on s'efforce de jeter la défaveur sur cette noble et généreuse institution de l'Académie de France à Rome, il m'a semblé que c'était un devoir de protester contre des tendances dissolvantes qui, si elles pouvaient aspirer à l'honneur de s'appeler des doctrines, n'iraient à rien moins qu'à l'oblitération

1. Janvier 1882.

du sens élevé des Beaux-Arts, et qui, d'ailleurs, ne reposent que sur les arguments les plus creux et les plus frivoles.

Les avocats de ce qu'on nomme « l'Art moderne » (comme si l'art véritable n'était pas de tous les temps) s'attaquent à l'École de Rome d'une manière absolue, et leur *ultimatum* est qu'il faut, au plus vite, raser la villa Médicis comme un foyer d'infection artistique. C'est là le *delenda Carthago* de la secte anti-romaine.

Je n'entreprendrai pas ici une plaidoirie *ex professo* en faveur des peintres, sculpteurs, architectes et graveurs que l'État envoie, chaque année, à Rome, pour leur assurer, en retour des espérances qu'ils ont fait concevoir, le commerce assidu et gratuit de ces immortels docteurs qu'on nomme « les maîtres ». Je me bornerai, moi musicien, à ce qui concerne les intérêts des musiciens compositeurs. Aussi bien, est-ce surtout pour eux que l'on affecte de regarder comme parfaitement inutile et insignifiant le séjour à Rome. Mais la cause de l'art étant la même pour tous les arts, ce que j'aurai à dire au sujet des musiciens s'appliquera de soi-même aux autres artistes.

Ce qui me frappe tout d'abord, c'est que cet acharnement contre l'École de Rome n'est, lui-même, que la conséquence d'un vœu plus ou moins franchement formulé, et qui résume à peu près, à lui seul, tout le programme de l'opposition. Ce vœu, le voici : « Plus de professeurs ! Il faut voler de ses propres ailes ! » C'est là, sans doute, ce qu'on entend par « l'art moderne ».

Ainsi, plus d'éducation ; plus de notions acquises et transmissibles, c'est-à-dire plus de capital, partant plus de patrimoine ni d'héritage ; plus de passé, partant plus de traditions, plus de paternité intellectuelle ;

nous voici en pleine génération spontanée, — car il n'y a pas de milieu : ou l'enseignement ou la science infuse.

Et remarquez bien que ceux qui prônent ce système sont justement ceux-là mêmes qui parlent, à tout propos, de l'*École de l'avenir!* L'avenir! Eh! de quel droit l'invoquez-vous donc, vous qui, demain, serez devenus, pour lui, ce passé dont vous ne voulez pas ?

Merveilleuse contradiction de l'absurde, ce « royaume divisé au dedans de lui-même » ! Qu'on me montre un emploi quelconque des facultés humaines, un seul, qui repose sur une semblable théorie ! Est-ce le droit ? Est-ce la physique, la chimie, l'astronomie, la mécanique ? Est-ce que l'homme n'est pas un être *enseigné* ? Est-ce qu'il ne vit pas, en tout, sur un capital de notions amassées ? Est-ce qu'on ne lui apprend pas à lire, à écrire, à marcher, à monter à cheval, à manier les armes, à jouer d'un instrument quelconque? Est-ce que tout n'a pas sa *gymnastique* spéciale? Or, qu'est-ce qu'une école, sinon un gymnase?

Hé bien! soit, dit-on; soit, pour tout ce qui est *science* ou *métier*; mais le génie? Le génie ne s'enseigne pas; on en a ou on n'en pas, et il n'est au pouvoir de personne de le donner à qui n'en a pas, non plus que de le retirer à qui en a.

D'accord, et cela est incontestable; mais ce qui ne l'est pas moins, c'est que, selon le mot d'un grand artiste [1] qui avait qualité pour en parler, *il n'y a pas d'art sans science*.

Non, certes, personne ne communique le génie, qui est incommunicable, parce qu'il est un *don* essentiellement personnel :

1. Ingres.

mais ce qui est communicable, transmissible, c'est le langage au moyen duquel se meut et s'exprime le génie, et sans la possession duquel il n'est qu'un *muet* ou un *impotent*. Est-ce que Raphaël, Mozart, Beethoven, n'étaient pas des hommes de génie? Se sont-ils crus, pour cela, autorisés à rejeter dédaigneusement le magistère traditionnel qui non seulement les initiait à la *pratique* de leur art, mais encore leur montrait la *route* propre à les y mener sûrement, leur épargnant ainsi une perte de temps considérable à la recherche d'une certitude dont des siècles d'expériences leur garantissaient le dépôt? Vraiment, c'est se moquer du sens commun que de prétendre ainsi détrôner l'histoire à coups de paralogismes! Autant vaut dire que l'orateur et l'écrivain n'ont besoin d'apprendre ni leur langue, ni la syntaxe, ni le dictionnaire.

Théophile Gautier le disait avec raison:

« Si j'écris mieux que beaucoup d'autres, c'est que *j'ai appris mon métier*, et que j'ai un plus grand nombre de mots à mes ordres. » Mais, poursuit l'objection, quantité d'artistes éminents n'ont pas été pensionnaire de l'École de Rome.

Cela est vrai, et je m'empresse d'ajouter (ce dont, au reste, l'opposition a peu de mérite à se targuer si haut) que, pour avoir été pensionnaire de l'École de Rome, on n'en revient pas nécessairement un homme supérieur. Mais que faut-il en conclure ? Que Rome n'a pas fait le miracle de donner ce que la nature avait refusé ? C'est évident, et ce serait par trop commode d'avoir du génie au prix d'un voyage que tout le monde peut faire. Mais ce n'est pas là du tout ce dont il s'agit. Il s'agit de savoir si, étant donné une organisation d'artiste, Rome n'exerce pas sur cette organisation une influence incontestable et incomparable sous le rapport de l'élévation de la pensée et du développement artistique.

Cette considération m'amène à examiner l'utilité du séjour à Rome pour les musiciens compositeurs.

Passe encore, dit-on, d'envoyer en Italie des peintres, des sculpteurs, des architectes, des graveurs ; ils trouvent là une collection considérable de chefs-d'œuvre qui peuvent du moins les intéresser en raison de l'art spécial auquel ils appartiennent. Mais un musicien ! Que va-t-il faire à Rome ? Quelle musique y entendre ? Quel bénéfice en retirer pour *son art* ?

Il faut, en vérité, que ceux qui produisent de pareilles objections aient bien peu réfléchi à ce que c'est qu'un artiste. Croit-on donc que l'artiste soit tout entier dans la seule *technique* de son art ? Comme si le *métier*, dans l'*art*, était *tout !* Comme si l'on ne pouvait pas être un *praticien* habile et

un artiste vulgaire! un rhéteur consommé
en même temps qu'un écrivain sans style
ou un orateur sans flamme! Eh quoi! l'é-
loquence et la virtuosité ne sont qu'une
seule et même chose? Il n'y a nulle différence entre l'homme et l'instrument? On
oublie donc que, sous l'*artisan*, il y a
l'*artiste*, c'est-à-dire l'*homme*, et que c'est
lui qu'il faut atteindre, éclairer, transporter,
transfigurer enfin, jusqu'à lui faire aimer
éperdument cette incorruptible beauté qui
fait, non pas le succès d'un moment, mais
l'empire sans fin de ces chefs-d'œuvre qui
resteront les flambeaux et les guides de
l'Humanité en fait d'art, depuis l'Antiquité
jusqu'à la Renaissance, et jusqu'à nos jours,
et après nous, et toujours!

Ignore-t-on, ou feint-on d'ignorer les lois
immuables de nutrition et d'assimilation
qui régissent le développement et le per-
fectionnement de tout organisme? Mais si

le musicien n'a besoin que de musique pour
se développer et se perfectionner, je ne demanderai plus seulement pourquoi on l'envoie à Rome, où il n'a que faire d'aller
contempler les fresques de Raphaël et de
Michel-Ange au Vatican, cette colline qui
garde tous les oracles ! Je demanderai à
quoi lui sert de lire Homère, Virgile,
Tacite, Juvénal, Dante et Shakespeare,
Molière et La Fontaine, Bossuet et Pascal,
en un mot tous les grands nourriciers de
la forme et de la pensée humaines ? A quoi
bon tout cela ? Ce n'est pas de la musique...

Non, sans doute ; mais c'est de l'art,
aussi moderne qu'ancien, de l'art immortel et
universel, et c'est de cet art-là que l'artiste
— non l'artisan — doit faire sa nourriture,
sa santé, sa force et sa vie.

Qu'est-ce donc, après tout, que ce pré-
tendu *naturalisme* dans l'art ? J'avoue que
je serais bien aise d'être édifié sur le sens

qu'on attache à ce mot, dont on semble faire le drapeau d'un grief et la revendication d'un droit méconnu par le despotisme de la routine.

Veut-on dire que, dans les arts, il faut, avant tout, s'appuyer sur la nature, la prendre pour point de départ? En ce sens, tous les maîtres sont d'accord. Mais l'art ne doit pas en rester là; et Raphaël qui, je suppose, connaissait bien la nature, n'a-t-il pas donné de l'art cette définition aussi admirable que trop peu méditée : « L'art ne consiste pas à faire les choses comme la nature les *fait*, mais comme elle *devrait les faire* ! » Paroles sublimes qui disent clairement que l'art est, par-dessus tout, un choix, une préférence, une véritable *sélection*, ce qui suppose une initiation de l'entendement à un critérium particulier d'appréciation.

Si la nature est tout et l'éducation rien,

si la foule en sait aussi long que les maîtres, comment donc le Temps fait-il constamment justice de ces jugements éphémères qui ont accueilli, les uns avec transport tant d'œuvres bientôt oubliées, les autres avec dédain tant de chefs-d'œuvre acclamés, depuis, par l'admiration de l'infaillible postérité?

Que la foule soit juge, peut-être, en matière de *drame*, je l'accorde ; et encore, cet aveu serait-il susceptible de bien des restrictions, si l'on songe à la quantité prodigieuse d'œuvres qui ont passionné nos pères et qui nous laissent aujourd'hui assez indifférents. Mais, abstraction faite de ces revirements de la popularité, il s'en faut bien que l'art ne soit que dans le *drame!* Il n'y a pas l'ombre d'analogie entre les secousses violentes provoquées par un coup de théâtre saisissant, et les jouissances sereines et nobles que procure une œuvre d'un art exquis et consommé :

nul ne s'avisera d'établir un parallèle entre les émotions produites par un mélodrame du boulevard et celles qu'éveillent les frises du Parthénon ou la *Dispute du Saint-Sacrement*. Il y a là tout l'abîme qui sépare le domaine des sensations de celui de l'intelligence.

Que dire, enfin, des incalculables bienfaits de cette retraite et de cette sécurité loin des bruits fiévreux et des constantes préoccupations de chaque jour? Que dire de ce silence où l'on apprend à écouter ce qui se passe au fond de soi-même? Que dire de ces solitudes profondes, de ces horizons dont les lignes majestueuses semblent conserver le magique pouvoir de ravir la pensée jusqu'à la hauteur des grands événements dont ils furent les témoins? Et ce Tibre, dont les eaux sévères gardent, avec la terreur des forfaits qu'elles ont engloutis, la tranquillité de cette campagne romaine au sein de laquelle elles se déroulent !

Et Rome elle-même, elle seule, cette triple Rome dont le front a reçu de la main des siècles la tiare auguste que porte son Pontife Suprême, et d'où rayonne, sur le monde, la lumière sans déclin de l'éternelle Vérité ! Quel niveau ! quel diapason ! quel milieu pour qui sait se recueillir !

Ah ! que l'on ne vienne plus agiter devant nous ces mots équivoques et sonores de *naturalisme*, de *réalisme* et autres semblables. Oui, l'Art c'est la Nature, *d'abord*; mais la Nature vérifiée, contrôlée, pesée, en un mot *jugée* au tribunal d'un discernement qui l'analyse et d'une raison qui la rectifie et la restaure : l'Art est une réparation des défaillances et des oublis du Réel ; c'est l'immortalisation des choses mortelles par une élimination clairvoyante et non par un culte servile et aveugle de leurs côtés défectueux et périssables. Conservons-la donc à tout prix, envers et contre tout, cette belle École de Rome dont les archives portent des noms comme ceux de David, d'Ingres, de Flandrin, de Regnault, de Duret, d'Hérold, d'Halévy, de Berlioz, de Bizet, qui ne sont pas, que je sache, pour autoriser la pitié hautaine dont on essaie de flétrir une dynastie déjà plus que séculaire. Défendons de toutes nos forces cet asile sacré qui abrite la croissance de l'artiste loin de l'obsession prématurée des besoins de la vie, et le prémunit, à la fois, contre les suggestions du mercantilisme et contre les vulgaires triomphes d'une popularité sans noblesse et sans lendemain.

LA NATURE ET L'ART[1]

Messieurs,

Les transformations successives dont la terre a été le théâtre et dont se compose son histoire, j'allais presque dire son éducation, depuis le moment où elle s'est détachée de la nébuleuse solaire pour occuper une place distincte dans l'espace, sont comme autant de chapitres de cette grande

[1]. Lu dans la séance publique annuelle des cinq Académies du 25 octobre 1886.

loi du progrès, de ce perpétuel *devenir* qui semble diriger vers une finalité mystérieuse le mouvement de la création, et dont les phases diverses ont pu être ramenées aux trois aspects généraux qui ont reçu le nom de *règnes*, et qui désignent les trois manifestations les plus tranchées de la vie sur le globe.

Cependant, tout n'était pas dit encore, et l'histoire de la terre ne devait point s'arrêter à ces trois premières formes de la vie. Un quatrième règne, le règne humain, — puisque la science même m'autorise à l'appeler ainsi, — allait prendre possession de ce domaine qui s'ignorait.

L'énorme travail d'évolution, le prodigieux effort d'enfantement à travers lequel se déroule le plan de la pensée créatrice, l'homme allait le reprendre au point où l'avaient amené ses devanciers, et le conduire, en exerçant de plus nobles fonctions, vers de plus hautes destinées. Cette loi de la vie, dont les créatures n'avaient été, jusqu'à lui, que des dépositaires plus ou moins passifs mais irresponsables, l'homme allait en devenir le *confident*, élevé au suprême honneur d'accomplir volontairement sa loi connue, honneur qui constitue la notion même de la liberté, et qui, d'emblée, transforme l'activité instinctive en activité rationnelle et consciente.

En un mot, la moralité ou détermination du bien, la science ou détermination du vrai, l'art ou détermination du beau, voilà ce dont manquait la terre avant l'homme, et ce dont il était réservé à l'homme de la doter et de l'embellir comme pontife de la raison et de l'amour dans ce temple désormais consacré au culte du bien, du vrai et du beau.

Ainsi envisagé, qu'est-ce donc que l'artiste ? Quelle est sa fonction vis-à-vis des données et, si je puis ainsi parler, de la mise de fonds de la nature ?

La sublime fonction de l'homme, c'est d'être positivement, et à la lettre, *un nouveau créateur de la terre*. C'est lui qui, en tout, est chargé de la *faire* ce qu'elle doit *devenir*. Non seulement par la culture matérielle, mais par la culture intellectuelle et morale, c'est-à-dire par la justice, l'amour, la science, les arts, l'industrie, la terre ne s'achève, ne se conclut que par l'homme à qui elle a été confiée pour qu'il la *mît en œuvre*, « *ut operatur terram* », selon le vieux texte sacré de la Genèse.

L'artiste n'est donc pas simplement une sorte d'appareil mécanique sur lequel se réfléchit ou s'imprime l'image des objets extérieurs et sensibles ; c'est une lyre vivante et consciente que le contact de la nature révèle à elle-même et fait vibrer ; et c'est précisément cette vibration qui est l'indice de la vocation artistique et la cause première de l'œuvre d'art.

Toute œuvre d'art doit éclore sous la lumière personnelle de la sensibilité, pour se consommer dans la lumière impersonnelle de la raison. L'art, c'est la réalité concrète et sensible fécondée jusqu'au beau par cette autre réalité, abstraite et intelligible, que l'artiste porte en lui-même et qui est son *idéal*, c'est-à-dire cette révélation intérieure, ce tribunal suprême, cette vision toujours croissante du terme final vers lequel il tend de toute l'ardeur de son être.

S'il était possible de saisir directement l'idéal, de le contempler face à face dans la vision complète de sa réalité, il n'y aurait plus qu'à le copier pour le reproduire, ce qui reviendrait à un véritable réalisme, supérieur assurément, mais définitif et qui, du même coup, supprimerait chez l'artiste les deux facteurs de son œuvre, la fonction personnelle qui constitue son *originalité*, et la fonction esthétique qui constitue sa *rationalité*.

Telle n'est pas la position de l'idéal vis-à-vis de l'œuvre d'art. L'idéal n'est reproductible d'aucune façon adéquate ; il est un pôle d'attraction, une force motrice, on le *sent*, on le *subit* ; c'est « l'excelsior » indéfini, le « desideratum » impérieux dans l'ordre du beau, et la persistance de son témoignage intime est la garantie même de son insaisissable réalité. Dégager du réel inférieur et imparfait la notion qui détermine et mesure le degré de conformité ou de désaccord de ce réel dans la nature avec sa loi dans la raison, telle est la fonction supérieure de l'artiste ; et ce contrôle du réel dans la nature par sa loi dans la raison est ce qu'on nomme « l'esthétique ». L'esthétique est la « rationalité du beau ».

Dans l'art, comme en tout, le rôle de

la raison est de faire équilibre à la passion ;
c'est pourquoi les œuvres d'un ordre tout
à fait supérieur sont empreintes de ce caractère de tranquillité qui est le signe de
la vraie force, « maîtresse de son art jusqu'à
le gourmander ».

Dans cette collaboration de l'artiste avec
la nature, c'est, nous l'avons vu, l'émotion
personnelle qui donne à l'œuvre d'art son
caractère d'*originalité*.

On confond souvent l'originalité avec
l'étrangeté ou bizarrerie ; ce sont pourtant
choses absolument dissemblables. La bizarrerie est un métal anormal, maladif ; c'est
une forme mitigée de l'aliénation mentale
et qui rentre dans la classe des cas patho-
logiques : c'est, comme l'exprime fort bien
son synonyme l'excentricité, une déviation
par la tangente.

L'originalité, tout au contraire, est le
rayon distinct qui rattache l'individu au

centre commun des esprits. L'œuvre d'art
étant le produit d'une mère commune qui
est la nature et d'un père distinct qui est
l'artiste, l'originalité n'est pas autre chose
qu'une déclaration de paternité ; c'est le
nom propre associé au nom de famille ;
c'est le passeport de l'individu régularisé
par la communauté.

Toutefois, l'œuvre de l'artiste ne consiste pas uniquement dans l'expression de
sa personne, ce qui en est la marque dis-
tinctive, il est vrai, la physionomie propre,
mais, aussi et par cela même, la limite.
En effet, si, par la sensibilité, l'artiste se
trouve en contact avec les données de la
nature, il entre, par la raison, en contact
avec l'idéal, en vertu de cette loi de trans-
figuration qui doit s'appliquer à toutes
les réalités qui *existent*, pour les rapprocher,
de plus en plus, des réalités qui *sont*, autrement dit, de leur prototype parfait.

Qu'on me permette de citer un mot qui me semble fournir sinon une preuve, du moins une formule assez frappante des considérations qui précèdent.

Sainte Thérèse, cette femme éminente que l'éclat de ses lumières a fait placer au nombre et au rang des plus illustres docteurs de l'Église, disait qu'elle ne se rappelait pas avoir jamais entendu un mauvais sermon. Dès qu'elle le dit, je ne demande pas mieux que de l'en croire. Il faut, néanmoins, convenir que, si la grande sainte ne s'est point fait illusion, il y a eu là, en faveur de son temps ou, tout au moins, de sa personne, une grâce tout à fait spéciale et qui n'est certes pas une des moindres que Dieu puisse accorder à ses fidèles.

Quoi qu'il en soit, et sans vouloir aucunement révoquer en doute la sincérité d'un pareil témoignage, il y a moyen de l'expliquer, de le traduire, et de comprendre

comment et jusqu'à quel degré parfois prodigieux la relation inexacte d'un fait peut
se concilier avec la véracité absolue du
témoin.

Pourquoi sainte Thérèse ne se souvenait-
elle pas d'avoir jamais entendu un mauvais
sermon ? C'est parce que tous ceux qu'elle
entendait au dehors étaient spontanément
transfigurés et littéralement *créés à nouveau*
par la sublimité de celui qu'elle entendait
en permanence au fond d'elle-même : c'est
parce que la parole du prédicateur, si dé-
nuée qu'elle fût de prestige littéraire et
d'artifices oratoires, l'entretenait de ce
qu'elle aimait le plus au monde, et qu'une
fois emportée dans cette direction et à cette
hauteur, elle ne voyait plus et n'entendait
plus que le Dieu même de qui on lui
parlait.

« Prenez mes yeux », disait un peintre
célèbre, à propos d'un modèle que son

interlocuteur trouvait affreux; « Prenez mes yeux, monsieur, et vous le trouverez sublime ! »

C'est ainsi qu'un grand artiste se révélera soudainement à lui-même et plongera, d'un regard instantané, jusque dans les profondeurs de son art, au simple contact d'une œuvre même de médiocre valeur, mais qui aura suffi pour faire jaillir en lui la divine étincelle où se reconnaît le génie. Qui sait si le *Barbier de Séville* et *Guillaume Tell* n'ont pas eu pour berceau le tréteau paternel qui a commencé l'éducation musicale de Rossini?

Passer des réalités extérieures et sensibles à l'émotion, puis de l'émotion à la raison, telle est la marche progressive du développement intellectuel; c'est ce que saint Augustin résume admirablement dans une de ces formules si nettes et si lumineuses que l'on rencontre à chaque pas dans ses œuvres : « *Ab exterioribus ad interiora, ab interioribus ad superiora* », du dehors au dedans, du dedans au-dessus.

L'art est une des trois incarnations de l'idéal dans le réel ; c'est une des trois opérations de cet esprit qui doit *renouveler la face de la terre* ; c'est une des trois *renaissances de la nature dans l'homme* ; c'est, en un mot, une des trois formes de cette « autogénie » ou « immortalité propre » qui constitue la résurrection de l'humanité, en vertu de ses trois puissances créatrices fonctionnellement distinctes mais substantiellement identiques, à savoir : l'amour, raison de l'être, la science, raison du vrai, l'art, raison du beau.

Après avoir essayé de montrer, dans l'union de l'idéal et du réel, la loi qui régit le progrès de l'esprit humain, il resterait à faire la contre-preuve, en montrant où aboutit la séparation, l'isolement des deux termes.

Dans l'art, le réel seul est la servilité de la copie; l'idéal seul est la divagation de la chimère.

Dans la science, le réel seul est l'énigme du fait sans la lumière de sa loi; l'idéal seul est le fantôme de la conjecture sans sa confirmation par les faits.

Dans la morale, enfin, le réel seul est l'égoïsme de l'intérêt, ou absence de sanction *rationnelle* dans le domaine de la *volonté*; l'idéal seul est l'utopie, ou absence de sanction *expérimentale* dans le domaine des *maximes*.

De tous côtés, le corps sans l'âme ou l'âme sans le corps, c'est-à-dire négation de la loi de la vie pour l'être qui, par sa double nature, appartient à la fois au monde sensible et au monde intelligible, et dont l'œuvre n'est complète et normale qu'à la condition d'exprimer ces deux ordres de réalités.

S'il est un symptôme qui caractérise ces trois hautes vocations humaines, le service du bien, du vrai et du beau, s'il est un lien qui trahisse leur commune divinité d'origine et les élève à la dignité d'un véritable apostolat, c'est le désintéressement, c'est la gratuité.

Les fonctions de *la vie* sont si étroitement soudées à celles de *l'existence*, que la liberté divine de la vocation est bien obligée de subir la nécessité humaine de la profession ; aussi les passionnés de la vie s'entendent-ils généralement fort peu et fort mal aux choses de l'existence ; mais, en soi et de leur nature, toutes les fonctions supérieures de l'homme sont *gratuites*. Ni l'amour, ni la science, ni l'art n'ont rien de commun avec une estimation vénale ; ce sont les trois personnes divines de la conscience humaine ; on ne vend que ce qui meurt ; ce qui est immortel ne peut que se donner.

C'est pourquoi les œuvres du bien, du vrai et du beau défient les siècles; elles sont *vivantes* de l'éternité même de leur prin. ipe.

« Ciel rouveau et nouvelle terre. »

C'est ainsi que le grand captif de Pathmos, l'aigle des évangélistes, annonce la fin des temps, au chapitre vingt-unième de l'Apocalypse, cette vision grandiose qui s'achève dans l'Hosannah de la « Jérusalem nouvelle, la cité sainte, descendant des hauteurs célestes, comme une fiancée parée pour son époux ».

Quels voyants sublimes que ces grands lyriques du peuple hébreu! Quels *divins* que ces *devins* de la croissance et de la destinée humaines! Job, David, Salomon, les prophètes, et Paul, et Jean, l'initié aux secrets éternels et aux insondables profondeurs de la génération infinie!

Cette Jérusalem nouvelle, cette patrie de l'*élection*, c'est la *sélection humaine*, victorieuse des énigmes et rapportant, comme un glorieux trophée, tous les voiles sacramentels tombés, un à un, sur la route des siècles ; c'est l'intendant laborieux et fidèle qui entre dans la joie de « son Seigneur », et qui remet entre les mains de son père et de son Dieu, sous la clarté resplendissante d'un « ciel nouveau », cette « terre nouvelle », régénérée, *re-créée*, conformément à la loi exprimée par cette formule suprême :

« En vérité, je vous le dis, il faut que vous naissiez de nouveau, sinon vous n'entrerez pas dans le royaume des cieux ! »

PRÉFACE[1]

A

LA CORRESPONDANCE D'HECTOR BERLIOZ

Il y a, dans l'humanité, certains êtres
doués d'une sensibilité particulière, qui
n'éprouvent rien de la même façon ni au
même degré que les autres, et pour qui
l'exception devient la règle. Chez eux, les
particularités de nature expliquent celles
de leur vie, laquelle, à son tour, explique
celle de leur destinée. Or ce sont les exceptions qui mènent le monde; et cela doit

1. *Correspondance inédite* d'Hector Berlioz, 1 vol., Calmann Lévy, éditeur, 1878.

être, parce que ce sont elles qui paient de leurs luttes et de leurs souffrances la lumière et le mouvement de l'humanité. Quand ces coryphées de l'intelligence sont morts de la route qu'ils ont frayée, oh! alors vient le troupeau de Panurge, tout fier d'enfoncer des portes ouvertes; chaque mouton, glorieux comme la mouche du coche, revendique bien haut l'honneur d'avoir fait triompher la Révolution :

J'ai tant fait que nos gens sont enfin dans la plaine.

Berlioz fut, comme Beethoven, une des illustres victimes de ce douloureux privilège : être une exception ; il paya chèrement cette lourde responsabilité ! Fatalement, les exceptions doivent souffrir, et, fatalement aussi, elles doivent faire souffrir. Comment voulez-vous que la foule (ce *profanum vulgus* que le poète Horace avait en exécration) se reconnaisse et s'avoue incompétente devant cette petite audacieuse de personnalité qui a bien le front de venir donner en face un démenti aux habitudes invétérées et à la routine régnante? Voltaire n'a-t-il pas dit (lui, l'esprit s'il en fut) que personne n'avait autant d'esprit que tout le monde? Et le suffrage universel, cette grande conquête de notre temps, n'est-il pas le verdict sans appel du souverain collectif? La voix du peuple n'est-elle pas la voix de Dieu?...

En attendant, l'histoire, qui marche toujours et qui, de temps à autre, fait justice d'un bon nombre de contrefaçons de la vérité, l'histoire nous enseigne que partout, dans tous les ordres, la lumière va de l'individu à la multitude, et non de la multitude à l'individu; du savant aux ignorants, et non des ignorants au savant; du soleil aux planètes, et non des planètes au soleil. Eh quoi! vous voulez que trente-six millions

d'aveugles représentent un télescope et que
trente-six millions de brebis fassent un ber-
ger? Comment! c'est donc la foule qui a
formé les Raphaël et les Michel-Ange, les
Mozart et les Beethoven, les Newton et les
Galilée? La foule! mais elle passe sa vie à
juger et à *se déjuger*, à condamner tour à
tour ses engouements et ses répugnances,
et vous voudriez qu'elle fût un juge? Cette
juridiction flottante et contradictoire, vous
voudriez qu'elle fût une magistrature infaillible? Allons, cela est dérisoire. La foule
flagelle et crucifie, *d'abord*, sauf à revenir
sur ses arrêts par un repentir tardif, qui
n'est même pas, le plus souvent, celui de
la génération contemporaine, mais de la
suivante ou des suivantes, et c'est sur la
tombe du génie que pleuvent les couronnes
d'immortelles refusées à son front. Le juge
définitif, qui est la postérité, n'est qu'une
superposition de minorités successives : les

majorités sont des « conservatoires de *statu quo* »; je ne leur en veux pas; c'est vraisemblablement leur fonction propre dans le mécanisme général des choses: elles retiennent le char, mais enfin elles ne le font pas avancer; elles sont les freins, — quand elles ne sont pas des ornières. Le succès contemporain n'est, bien souvent, qu'une question de mode; il prouve que l'œuvre est au niveau de son temps, mais nullement qu'elle doive lui survivre; il n'y a donc pas lieu de s'en montrer si fier.

Berlioz était un homme tout d'une pièce, sans concessions ni transactions; il appartenait à la race des « Alceste »; naturellement, il eut contre lui la race des « Oronte »; — et Dieu sait si les Orontes sont nombreux! On l'a trouvé quinteux, grincheux, hargneux, que sais-je? Mais, à côté de cette sensibilité excessive poussée jusqu'à l'irritabilité, il eût fallu faire la part des choses irritantes, des épreuves personnelles, des mille rebuts essuyés par cette âme fière et incapable de basses complaisances et de lâches courbettes; toujours est-il que, si ses jugements ont semblé durs à ceux qu'ils atteignaient, jamais du moins n'a-t-on pu les attribuer à ce honteux mobile de la jalousie si incompatible avec les hautes proportions de cette noble, généreuse et loyale nature.

Les épreuves que Berlioz eut à traverser comme concurrent pour le grand prix de Rome furent l'image fidèle et comme le prélude prophétique de celles qu'il devait rencontrer dans le reste de sa carrière. Il concourut jusqu'à quatre fois et n'obtint le prix qu'à l'âge de vingt-sept ans, en 1830, à force de persévérance et malgré les obstacles de toute sorte qu'il eut à surmonter. L'année même où il remporta le prix avec sa cantate de *Sardanapale*, il fit exécuter une œuvre qui montre où il en était déjà de son développement artistique, sous le rapport de la conception, du coloris et de l'expérience. Sa *Symphonie fantastique* (épisode de la vie d'un artiste) fut un véritable événement musical, de l'importance duquel le fanatisme des uns et la violente opposition des autres peuvent donner la mesure. Quelque discutée cependant que puisse être une semblable composition, elle révèle, dans le jeune homme qui la produisait, des facultés d'invention absolument supérieures et un sentiment poétique puissant qu'on retrouve dans toutes ses œuvres. Berlioz a jeté dans la circulation musicale une foule considérable d'effets et de combinaisons d'orchestre inconnus jusqu'à lui, et dont se sont emparés même de très illustres musiciens : il a révolutionné le domaine de l'instrumentation, et, sous ce rapport du moins, on peut dire qu'il a « fait école ». Et cependant, malgré des triomphes écla-

tants, en France comme à l'étranger,
Berlioz a été contesté toute sa vie; en dépit
d'exécutions auxquelles sa direction personnelle de chef d'orchestre éminent et son
infatigable énergie ajoutaient tant de chances
de réussite et tant d'éléments de clarté, il
n'eut jamais qu'un public partiel et res-
treint; il lui manqua le « public », ce *tout
le monde* qui donne au succès le caractère
de la *popularité* : Berlioz est mort des re-
tards de la popularité. *Les Troyens*, cet
ouvrage qu'il avait prévu devoir être pour
lui la source de tant de chagrins, *les Troyens*
l'ont achevé : on peut dire de lui, comme
de son héroïque homonyme Hector, qu'il a
péri sous les murs de Troie.

Chez Berlioz, toutes les impressions,
toutes les sensations vont à l'extrême; il
ne connaît la joie et la tristesse qu'à l'état
de délire; comme il le dit lui-même, il est
un « volcan ». C'est que la sensibilité

nous emporte aussi loin dans la douleur que dans la joie : les Thabor et les Golgotha sont solidaires. Le bonheur n'est pas dans l'absence des souffrances, pas plus que le génie ne consiste dans l'absence des défauts.

Les grands génies souffrent et doivent souffrir, mais ils ne sont pas à plaindre ; ils ont connu des ivresses ignorées du reste des hommes, et, s'ils ont pleuré de tristesse, ils ont versé des larmes de joie ineffable ; cela seul est un ciel qu'on ne paye jamais ce qu'il vaut.

Berlioz a été l'une des plus profondes émotions de ma jeunesse. Il avait quinze ans de plus que moi ; il était donc âgé de trente-quatre ans à l'époque où moi, gamin de dix-neuf ans, j'étudiais la composition au Conservatoire, sous les conseils d'Halévy. Je me souviens de l'impression que produisirent alors sur moi la personne de Berlioz et ses œuvres, dont il faisait souvent des répétitions dans la salle des concerts du Conservatoire. A peine mon maître Halévy avait-il corrigé ma leçon, vite je quittais la classe pour aller me blottir dans un coin de la salle de concert, et, là, je m'enivrais de cette musique étrange, passionnée, convulsive, qui me dévoilait des horizons si nouveaux et si colorés. Un jour, entre autres, j'avais assisté à une répétition de la symphonie *Roméo et Juliette*, alors inédite et que Berlioz allait faire exécuter, peu de jours après, pour la première fois. Je fus tellement frappé par l'ampleur du grand finale de la « Réconciliation des Montaigus et des Capulets », que je sortis en emportant tout entière dans ma mémoire la superbe phrase du frère Laurent : « Jurez tous par l'auguste symbole ! »

A quelques jours de là, j'allai voir Berlioz, et, me mettant au piano, je lui fis entendre ladite phrase entière.

Il ouvrit de grands yeux, et, me regardant fixement :

— Où diable avez-vous pris cela ? dit-il.

— A l'une de vos répétitions, lui répondis-je.

Il n'en pouvait croire ses oreilles.

L'œuvre total de Berlioz est considérable. Déjà, grâce à l'initiative de deux vaillants chefs d'orchestre (MM. Jules Pasdeloup et Édouard Colonne), le public d'aujourd'hui a pu connaître plusieurs des vastes conceptions de ce grand artiste : la *Symphonie fantastique*, la symphonie *Roméo et Juliette*, la symphonie *Harold*, l'*Enfance du Christ*, trois ou quatre grandes ouvertures, le *Requiem*, et surtout cette magnifique *Damnation de Faust* qui a excité depuis deux ans de véritables transports d'enthousiasme dont aurait tressailli la cendre de Berlioz, si la cendre des morts pouvait tressaillir. Que de choses pourtant restent encore à explorer! Le *Te Deum*, par exemple, d'une conception si grandiose, ne l'entendrons-nous pas? Et ce charmant opéra, *Beatrix et Bénédict*, ne se trouvera-t-il pas un directeur pour le mettre au répertoire? Ce serait une tentative qui, par ce temps de revirement de l'opinion en faveur de Berlioz, aurait de grandes chances de réussite, sans avoir le mérite et les dangers de l'audace; il serait intelligent d'en profiter.

Les lettres qu'on va lire[1] ont un double attrait : elles sont toutes inédites et toutes écrites sous l'empire de cette absolue sincérité qui est l'éternel besoin de l'amitié. On regrettera, sans doute, d'y rencontrer certains manques de déférence envers des hommes que leur talent semblait devoir mettre à l'abri de qualifications irrévérencieuses et injustes; on trouvera, non sans

---

1. Voir *Correspondance inédite*.

raison, que Berlioz eût mieux fait de ne pas appeler Bellini un « petit polisson », et que la désignation d' « illustre vieillard », appliquée à Cherubini dans une intention évidemment malveillante, convenait mal au musicien hors ligne que Beethoven considérait comme le premier compositeur de son temps et auquel il faisait (lui Beethoven, le symphoniste géant) l'insigne honneur de lui soumettre humblement le manuscrit de sa *Messe solennelle*, œuvre 123, en le priant d'y vouloir bien faire ses observations.

Quoi qu'il en soit, et malgré les taches dont l'humeur acariâtre est seule responsable, ces lettres sont du plus vif intérêt. Berlioz s'y montre pour ainsi dire *à nu;* il se laisse aller à tout ce qu'il éprouve ; il entre dans les détails les plus confidentiels de son existence d'homme et d'artiste; en un mot, il ouvre à son ami son âme tout entière, et cela dans des termes d'une effusion, d'une tendresse, d'une chaleur qui montrent combien ces deux amis étaient dignes l'un de l'autre et faits pour se comprendre. Se comprendre ! ces deux mots font penser à l'immortelle fable de notre divin la Fontaine : *les deux Amis*.

Se comprendre ! entrer dans cette communion parfaite de sentiments, de pensées, de sollicitude à laquelle on donne les deux plus beaux noms qui existent dans la langue humaine, l'Amour et l'Amitié ! C'est là tout le charme de la vie; c'est aussi le plus puissant attrait de cette *vie écrite*, de cette conversation entre absents qu'on a si bien nommée la *correspondance*.

Si les œuvres de Berlioz le font admirer, la publication des présentes lettres fera mieux encore : elle le fera aimer, ce qui est la meilleure de toutes les choses ici-bas.

M. CAMILLE SAINT-SAËNS

— *HENRI VIII* —

Lorsque, après des années de persévérance et de lutte, un artiste de haute valeur
est parvenu à conquérir, dans l'opinion
publique, la grande situation à laquelle il
a droit, chacun s'écrie, — même ceux qui
lui ont fait l'opposition la plus rétive : —
« Que vous avais-je toujours dit ? qu'on fini-
rait par se rendre. » Voilà vingt-cinq ans
et plus (car c'était un prodigieux enfant),

1. Avril 1883,

que M. Saint-Saëns a fait son apparition dans le monde musical. Combien de fois, depuis lors, ne m'a-t-on pas dit : « Saint-Saëns? Ah bah ! Vraiment? Vous croyez?... Comme pianiste, comme organiste, oh ! certainement ; je ne dis pas ; mais comme compositeur ? Est-ce que... réellement... vous trouvez?... » Et tous les vieux clichés de ce genre. Eh bien, oui ; je *trouvais*, et je n'étais pas le seul ; et aujourd'hui, c'est tout le monde qui *trouve*. Les défiances sont tombées : les préjugés sont vaincus : M. Saint-Saëns est dans la place ; il n'a plus qu'à dire : « J'y suis, j'y reste. » Il demeurera une des illustrations de son art et de son temps.

D'après une opinion admise, paraît-il, chez certains artistes, il serait convaincu que, si l'on dit du bien de l'œuvre d'un confrère, cela signifie naturellement qu'on en pense du mal, — et réciproquement.

Eh! pourquoi donc cela? Pour avoir du talent ou du génie, est-il nécessaire de le refuser à d'autres? Est-ce que Beethoven a tué Mozart? Est-ce que Rossini empêchera Mendelssohn de vivre? Croyez-vous, comme le dit Célimène :

Que c'est être savant que trouver à redire.

Craignez-vous qu'il n'y ait plus de place pour vous? Oh! quant à cela, rassurez-vous; dans le temple de la Gloire, il restera toujours plus de places libres qu'il n'y en aura jamais d'occupées. S'il y en a une pour vous, elle vous attend; le tout est de la prendre.

Mais non. Ce qu'on craint, c'est de n'être pas *le premier*. Hé, mon Dieu! cette préoccupation chagrine et inquiète du mérite relatif est ce qu'il y a, au monde, de plus contraire au mérite réel et véritable : c'est toujours la vilaine histoire de l'amour-propre usurpant la place et les devoirs de l'amour. Aimons notre art; défendons honnêtement et vaillamment quiconque le sert avec noblesse et courage; ne retenons pas la vérité « captive dans l'injustice »; la conscience publique saura, demain, ce que l'on s'efforce de lui cacher aujourd'hui; le seul parti honorable à prendre, c'est de préparer le jugement de la postérité, ce *vox populi, vox Dei*, qui ne fixe pas les rangs par faveur ou, chose pire encore, par intérêt, mais qui prononce dans l'infailllible et immortelle justice. Taire la vérité, c'est prouver qu'on ne l'aime pas; souffrir parce qu'un autre l'a mieux servie qu'on n'a pu le faire soi-même, c'est montrer qu'on voulait pour soi l'hommage qui n'est dû qu'à elle seule.

Faisons la lumière autant que nous le pouvons; il n'y en a jamais trop.

M. Saint-Saëns est une des plus éton-

nantes organisations musicales que je con-
naisse. C'est un musicien armé de toutes
pièces. Il possède son métier comme personne; il sait les maîtres par cœur; il joue
et se joue de l'orchestre comme il joue et
se joue du piano, — c'est tout dire. Il est
doué du sens descriptif à un degré tout à
fait rare; il a une prodigieuse faculté d'assimilation : il écrirait, à volonté, une œuvre
à la Rossini, à la Verdi, à la Schumann,
à la Wagner; il les connaît tous à fond, ce
qui est peut-être le plus sûr moyen de
n'en imiter aucun. Il n'est pas agité par la
crainte de ne pas produire d'effet (terrible
angoisse des pusillanimes); jamais il n'exa-
gère; aussi n'est-il ni mièvre, ni violent, ni
emphatique. Il use de toutes les combinaisons et de toutes les ressources sans abuser
ni être l'esclave d'aucune.

Ce n'est point un pédant, un solennel,
un *transcendanteux*; il est resté bien trop

enfant et devenu bien trop savant pour cela. Il n'a pas de système ; il n'est d'aucun parti, d'aucune clique : il ne se pose en réformateur de quoi que ce soit : il écrit avec ce qu'il *sent* et ce qu'il *sait*. Mozart non plus n'a rien réformé ; je ne sache pas qu'il en soit moins au sommet de l'art. Autre mérite (sur lequel j'insiste, par le temps qui court), M. Saint-Saëns fait de la musique qui *va en mesure* et qui ne s'étale pas à chaque instant sur ces ineptes et odieux *temps d'arrêt* avec lesquels il n'y a plus d'ossature musicale possible, et qui ne sont que de l'affectation et de la sensiblerie. Il est simplement un musicien de la grande race : il dessine et il peint avec la liberté de main d'un maître ; et, si c'est être soi que de n'imiter personne, il est assurément lui.

Je n'ai point à raconter ici, par le menu, le livret de l'opéra *Henri VIII* : tous les

comptes rendus de la première représentation se sont chargés de ce soin. Au de-
meurant, tout le monde connaît l'histoire
— j'allais dire de ce pourceau couronné,
— de ce Barbe-Bleue émérite, doublé d'un
pitoyable et vaniteux théologien. A son
ambition, il ne fallait rien moins que la
tiare, et le pape le troublait, pour le
moins, autant que les femmes et la bois-
son. Mais il n'y a ni tempête ni menace
qui tienne : en fait de rodomontades, la
papauté en a vu de toutes les couleurs, ce
qui ne l'a pas empêchée de dormir en paix
dans sa barque insubmersible.

M. Saint-Saëns n'a pas écrit d'ouverture.
Ce n'est certes pas que la science symphonique lui fasse défaut ; il l'a prouvé sura-
bondamment. L'ouvrage débute par un prélude basé sur un thème anglais qui se
reproduira comme thème principal du
finale du troisième acte.

Ce prélude s'enchaîne, sans interruption, avec le drame. Dès la première scène, entre Norfolk et Don Gomez, l'ambassadeur d'Espagne à la cour d'Henri VIII, se trouve un charmant cantabile « La beauté que je sers », phrase pleine de jeunesse dont la terminaison, sur les mots « Bien que je ne la nomme pas », est ravissante de simplicité. On remarque surtout, dans le premier acte, un chœur de seigneurs s'entretenant de la condamnation de Buckingham ; une cantilène du roi : « Qui donc commande quand il aime ? » phrase pleine de vérité d'expression ; l'entrée d'Anne de Boleyn, sur une gracieuse ritournelle amenant un chœur de femmes très élégant : «Salut à toi qui nous viens de la France!» auquel succède une page tout à fait remarquable scéniquement et musicalement, — c'est la marche funèbre accompagnant Buckingham à sa dernière demeure, sur le chant du *De Profundis* supérieurement combiné avec les apartés d'Henri VIII et d'Anne sur le devant de la scène, pendant que l'orchestre murmure, en même temps que le roi, à l'oreille de la jeune dame d'honneur, la phrase caressante qui se reproduira dans le cours de l'ouvrage : « Si tu savais comme je t'aime ! » Cette belle scène s'achève dans un magistral ensemble de grande envergure dramatique, qui couronne noblement le premier acte.

Le second acte se passe dans le parc de Richmond. Il s'ouvre par un délicieux prélude d'une instrumentation fine et transparente, introduisant un thème ravissant qui reparaîtra plus loin dans le dernier ensemble du duo entre le roi et Anne de Boleyn, un des morceaux les plus saillants de la partition.

Après un monologue de Don Gomez, dans lequel on rencontre de beaux accents de déclamation, paraît Anne de Boleyn, accompagnée de dames de la cour qui lui offrent des fleurs, page remplie de charme et de distinction. Vient ensuite une scène rapide entre Anne et Don Gomez ; puis le grand duo entre Anne et le roi. Ce duo est un morceau capital. On y sent circuler partout une sensualité impatiente, noyée dans une instrumentation pleine de caresses félines. Le dernier ensemble de ce duo est exquis et d'un charme de sonorité incomparable. L'air qui suit : « Reine ! je serai reine ! » est d'un beau caractère d'orgueilleux enivrement. Dans le duo entre Anne de Boleyn et Catherine d'Aragon, l'on remarque les accents tour à tour pleins de clémence et de fierté de la noble et malheureuse reine.

Le troisième acte représente la salle du synode, et s'ouvre par une marche processionnelle d'un caractère majestueux qui accompagne le défilé de la cour et des juges. Alors commence un grand et superbe ensemble : « Toi qui veilles sur l'Angleterre ! », après lequel Henri VIII s'adresse à l'assemblée synodale : « Vous tous qui m'écoutez, gens d'église et de loi ! » Catherine, très émue, pouvant à peine parler, s'avance vers le roi et le supplie d'avoir pitié d'elle. Ce morceau, dans lequel intervient le chœur, est d'un sentiment des plus vrais et des plus touchants. Devant le dédain cruel du roi pour la pauvre reine, Don Gomez se lève et déclare qu'il prend, comme Espagnol, la défense de celle dont il est le sujet. Henri VIII s'indigne et en appelle à son peuple, « les fils de la noble Angleterre », qui se proclament prêts à accepter les décrets du Ciel, décrets dont l'archevêque de Cantorbéry va être l'organe : « Nous déclarons nul et contraire aux lois l'hymen à nous soumis ! » Catherine se révolte, et,

dans un superbe élan de fierté, elle s'écrie:
« Peuple, que de ton roi déshonore le
crime, tu ne te lèves pas! » Cette page est
remarquable et laisse une impression profonde. Catherine en appelle au jugement
de la postérité. Elle sort avec Don Gomez.

Paraît le légat, et alors commence la
grande scène qui termine le troisième acte.

Le légat tient en main la bulle du Saint-
Père :

Au nom de Clément VII, pontife souverain...

Le roi, poussé à bout, ordonne qu'on
ouvre les portes du palais et qu'on fasse
entrer le peuple :

Vous plaît-il recevoir des lois de l'étranger ?
Non ! Jamais !
Vous convient-il qu'un homme
Dont le vrai pouvoir est à Rome
Sur mon trône m'ose outrager ?
Non ! jamais !

Et le roi se proclame chef de l'Église de
l'Angleterre; et pour sa femme il prend

dame Anne de Boleyn, marquise de Pembroke !

Toute cette scène, magistralement conduite, se termine par un grand et pompeux ensemble :

C'en est donc fait ! Il a brisé sa chaîne !

ensemble dont le thème est le chant national, exposé par le prélude d'introduction qui sert d'ouverture.

Le quatrième acte est aussi divisé en deux tableaux, dont le premier est la chambre d'Anne de Boleyn. Au lever du rideau, les musiciens exécutent en scène un gracieux divertissement dansé, pendant lequel Norfolk et Surrey se livrent à un *a parte* très ingénieusement combiné avec la musique de danse.

La scène suivante, entre Anne et Don Gomez, contient un charmant cantabile chanté avec beaucoup d'expression par M. Dereims.

Un dialogue entre le roi et Don Gomez termine le premier tableau.

Le second tableau représente une vaste pièce des appartements de la reine Catherine, reléguée au château de Kimbolton. Toute cette fin de l'œuvre de M. Saint-Saëns est absolument d'un maître ; le souffle des chefs-d'œuvre a passé là.

Le monologue de la reine est d'un accent de douleur, d'une expression, d'une vérité de déclamation admirables.

La reine distribue ensuite, comme souvenirs, aux femmes qui l'entourent, quelques-uns des objets qui lui ont appartenu. Cette toute petite scène intime est très grande par le sentiment profond que l'auteur y a répandu, tant la vérité agrandit tout ce qu'elle touche.

Vient ensuite la magnifique scène entre Catherine et Anne de Boleyn ; il y a là des accents d'indignation superbes, que mademoiselle Krauss a compris et rendus en tragédienne consommée dont le jeu atteint une puissance d'expression saisissante.

La dernière page de ce second et dernier tableau est ce qu'on nomme, en langage de théâtre, le *clou* de la pièce. C'est irrésistible, et le rideau ne peut tomber sur rien de plus empoignant. Situation, musique, chant et jeu des interprètes, tout contribue à l'impression puissante de cette admirable scène qui a soulevé les applaudissements de toute la salle.

Tel est, autant du moins qu'un exposé aussi rapide en puisse donner l'idée, le nouvel ouvrage de M. Camille Saint-Saëns.

Parmi les interprètes qui, tous, se sont montrés à la hauteur de leur tâche, il convient de citer, en première ligne, ceux à qui sont échus les trois plus grands rôles : Mademoiselle Krauss (Catherine d'Aragon), mademoiselle Richard (Anne de Boleyn),

M. Lassalle (Henri VIII). Puis M. Boudouresque (le légat du Pape), M. Dereims (Don Gomez), M. Lorrain (Norfolk), M. Sapin (Surrey), M. Gaspard (l'archevêque de Cantorbéry).

Mademoiselle Krauss est d'une grandeur, d'une noblesse, d'une dignité souveraines. Comme actrice et comme cantatrice, elle a déployé, dans ce rôle de Catherine d'Aragon, une puissance pathétique merveilleuse; elle a, en particulier, joué, chanté, souffert, pendant tout le dernier tableau, avec une vérité et une intensité d'expression à rendre la réalité positivement suffocante. Ah! la grande artiste! quel répertoire elle soutient! quelle vaillance elle apporte à tous ses rôles! quelle place elle occupe! — et quel vide laisserait son départ! ...

Mademoiselle Richard a trouvé, dans Anne de Boleyn, l'occasion de faire valoir tout le charme de son bel et généreux organe dont rien, dans cette sage et saine musique, ne surmène la moelleuse sonorité.

M. Lassalle a donné au rôle d'Henri VIII tout l'intérêt de sa diction si franche, de son articulation si claire, de son jeu tour à tour sombre et passionné, et de cette voix privilégiée qui possède à un égal degré toutes les ressources de la puissance et de la douceur.

M. Boudouresque semble être né cardinal ; n'en déplaise au diabolique Bertram et au huguenot Marcel qu'il représente avec tant de talent, on le dirait mis au monde pour jouer les princes de l'Église, témoin Brogni, dans la *Juive*, et le légat du pape auquel il a donné, dans *Henri VIII*, un caractère imposant. M. Dereims s'est fait remarquer, dans le rôle de Don Gomez, par ses qualités de charme et d'élégance. L'orchestre, sous la conduite de M. Altès, a été admirable, ainsi que les chœurs si soigneusement instruits et dirigés par M. Jules Cohen.

M. Vaucorbeil a bien aussi sa belle part dans cette affaire. Il a cru en M. Saint-Saëns et, dès son avènement à la direction de l'Opéra, il exprimait son désir de lui ouvrir les portes de notre première scène lyrique. Il a déployé, comme toujours, sa sollicitude intelligente et dévouée de directeur artiste au service de ce noble et sérieux ouvrage, auquel un autre véritable artiste, M. Régnier, a consacré toute l'expérience scénique de sa longue et brillante carrière de comédien.

Voilà donc, mon cher Saint-Saëns, ton nom désormais attaché à l'une des œuvres qui auront le plus honoré l'art français et notre Académie nationale de musique. Pour ceux qui t'ont connu enfant (et je suis un de ceux-là), ta destinée était certaine ; tu n'as pas eu d'enfance musicale. Infatigablement couvé par ton intelligente et généreuse mère, tu as eu, tout de suite, pour nourriciers les maîtres du grand art ; ils t'ont fait robuste et ferme dans ta voie. Depuis longtemps déjà, la renommée avait devancé pour toi cette popularité dont le théâtre semble avoir le privilège exclusif ; il ne manquait plus à ton autorité que la consécration d'un éclatant succès dramatique ; tu la tiens aujourd'hui.

Va donc maintenant, cher grand musicien ; ta cause est victorieuse sur toute la ligne. Parce que tu as été fidèle à ton art, l'avenir sera fidèle à ton œuvre. Dieu t'a donné la lumière et la main d'un maître : qu'il te les conserve longtemps, pour toi comme pour nous tous.

FIN

TABLE

—

PARIS. — IMPRIMERIE CHAIX. — 16034-7-95. — (Encre Lorilleux).

DERNIÈRES PUBLICATIONS

Format grand in-18 à 3 fr. 50 le volume.

	vol.		vol.
G. D'ANNUNZIO		**GYP**	
Triomphe de la mort.....	1	Le Bonheur de Ginette..	1
TH. BENTZON		**LUDOVIC HALÉVY**	
Les Américaines chez elles.	1	Karikari..................	1
DUC DE BROGLIE		**EUGÈNE LABICHE**	
Lettres de la duchesse de Broglie.................	1	Théâtre complet..........	10
JEAN DE CHILRA		**LA FEUILLÉE**	
La Princesse des Ténèbres	1	Le Cahier bleu d'un petit jeune homme	1
ALEXANDRE DUMAS FILS		**PIERRE LOTI**	
Théâtre des autres, t. I et II...................	2	La Galilée	1
GASTON DESCHAMPS		**LÉON SAY**	
Chemin fleuri............	1	Contre le socialisme......	1
GHIKA		**VICOMTE DE SPOELBERCH DE LOVENJOUL**	
Fatalité.................	1	Un Roman d'amour........	1
ANATOLE FRANCE		**H. SUDERMANN**	
Le Lys rouge............	1	Le Moulin silencieux.....	1
EDMOND GONDINET		**LÉON DE TINSEAU**	
Théâtre complet, t. V.....	1	Vers l'Idéal.	1

Paris. — Imprimerie A. DELAPOY, 3, rue Auber.

www.ingramcontent.com/pod-product-compliance
Lightning Source LLC
Chambersburg PA
CBHW071614220526
45469CB00002B/340